Wild
und
Geflügel

Joh. El. Ridinger inv. del. et excud. Aug. Vind. — Martin El. Ridinger sculps.

Par force Jäger mit der meute. — Chasseur par force avec la meute.

Arnim Basche
Ernst-Ulrich Schassberger

Wild und Geflügel

Mit 77 pikanten Rezepten,
exklusiv fotografiert
für dieses Buch
von
Hans Joachim Döbbelin

sigloch edition

Zur Abbildung Seite 2: Viele Jahrtausende lang war der Mensch zur Sicherung seiner Existenz hauptsächlich auf die Jagd angewiesen. Mit dem Erreichen immer höherer Kulturstufen wandelte sich eine einst für das Überleben notwendige Tätigkeit zu einer Beschäftigung, die zeitweise auch mit großer Prunkentfaltung gehandhabt wurde. Dazu zählten vor allem die Parforcejagden des 18. Jahrhunderts, bei denen zu Pferd und hinter einer Meute von 50 bis 100 Hunden nur auf einen einzelnen Hirsch oder Keiler gejagt wurde – und zwar in oft stundenlanger Hatz durch dick und dünn bis zur Erlegung des betreffenden Stückes. Aus diesem Grund gab man dieser Art der Jagdausübung den Beinamen „par force". Das Wort kommt aus dem Französischen und bedeutet „mit Gewalt" oder im weiteren Sinn „mit allen Mitteln". Die Abbildung zeigt einen Jäger, der wahrscheinlich die Anjagdfanfare bläst, also den Beginn der Jagd akustisch kundtut.

Rechts: Wo Menschen auf dieser Erde gelebt haben, hinterließen sie Spuren: Knochen, Werkzeuge, Siedlungsreste – und als älteste Zeugnisse künstlerischen Schaffens faszinierende Felsmalereien, die auch als visionäre Beschwörungen einer erfolgreichen Jagd gedeutet werden können. Im spanischen Altamira oder französischen Lascaux zum Beispiel schaut man gebannt auf alle möglichen Tiere, wie Bisons, Hirsche oder Wildpferde, die Steinzeit-Picassos vor 25 000 Jahren an die Wände und Decken ihrer Höhlen malten. Das nebenstehende Bild zeigt im roten Umriß ein Mammut und in schwarzer Ausführung einen von Wurfgeschossen getroffenen Steinbock.

Redaktion und Herstellung: Dr. Ursula Kluck,
Günther Schmidt, Künzelsau/Stuttgart
Reproduktion: Eder Repros, Ostfildern
Satz: Setzerei Lihs, Ludwigsburg
Papier: 135 g/qm BVS der Papierfabrik Scheufelen, Lenningen
Druck: Graphische Betriebe Eberl, Immenstadt
Bindearbeiten: Buchbinderei Sigloch, Künzelsau
Auslieferung an den deutschen Buchhandel: Stürtz Verlag, Würzburg
ISBN 3 8003 0277 2

Vom Steinzeitjäger zum modernen Nimrod

„Des Waidmanns Ursprung liegt entfernt,
dem Paradiese nah,
da war kein Kaufmann, kein Soldat,
kein Arzt, kein Pfaff, kein Advokat,
doch Jäger waren da."

Philipp Ludwig Bunsen, 1760–1809.

Vor ungefähr sechs Millionen Jahren geschah etwas, das die Welt noch nicht gesehen hatte: Große Affen begannen sich aufzurichten und auf zwei Beinen zu laufen. Dieser fundamentale Akt war nicht nur ein gewaltiger Schritt in Richtung endgültiger Menschwerdung, sondern bedeutete gleichzeitig und im wahrsten Sinne des Wortes auch die Erhebung über alles übrige Getier. Wann für vernunftbegabte Individuen die Stunde Null der Jagd schlug, ist allerdings unbekannt. Dieser Vorgang kann in den unermeßlichen Weiten der Vorzeit nur tastend erahnt werden. Immerhin wissen wir, daß die Jagd zu den ältesten Formen der menschlichen Nahrungsbeschaffung gehört und außerdem die am häufigsten praktizierte ist. Vor undenklichen Zeiten war sie freilich ein unerhört hartes Geschäft, denn dem Erbeuten von Fleisch war der bei weitem größte Teil eines Existenzkampfes gewidmet, von dessen Härte wir uns allenfalls vage Vorstellungen machen können.

Ausgerüstet mit primitiven Geräten, lauerten die

Jäger an Wechseln und Tränken auf das Wild, überlisteten es in Fallgruben oder trieben es auf „Gesellschaftsjagden“, an denen die ganze Horde teilnahm, über steile Felswände in Abgründe und Schluchten. Eine geologische Formation, die für solche Vorhaben genutzt wurde, gibt es zum Beispiel bei Solutré in Südfrankreich, wo die Gerippe von 10 000 Wildpferden durch die Jahrtausende moderten. Diese und andere Zahlen lassen nun den Schluß zu, daß in jenen Zeiten paradiesische Zustände herrschten und Wild in Hülle und Fülle vorhanden war. Doch das ist ein Irrtum. In Wirklichkeit war es spärlich, blieb bei bestimmten Arten aufgrund enormer Klimaschwankungen oft ganz aus und verteilte sich außerdem über riesige Flächen. 10 000 Skelette von Wildpferden oder gar 50 000 von Bären in der steiermärkischen Drachenhöhle sind allerdings Zahlen, die sich sehen lassen können. Sie summierten sich jedoch in einem gewaltigen Zeitraum zu so beachtlicher Höhe. Daher steht etwas ganz anderes unterm Strich, wenn man beide Größen ins Verhältnis setzt: und zwar zu wenig Pferd und Bär, um von Wildreichtum sprechen zu können. Nein – es war außerordentlich zeitaufwendig und vor allem ungewiß, damals zu seinem Steak zu kommen. Das signalisieren als älteste Zeugnisse menschlichen Kunstschaffens auch die atemberaubend ausdrucksstarken Malereien in den Höhlen von Altamira oder Lascaux. Steinzeit-Picassos bannten an ihre Decken und Wände nämlich allerlei Getier, wie Bisons, Wildpferde und Hirsche, deren Darstellung auch als visionäre Beschwörungen einer erfolgreichen Jagd gedeutet werden können. Denn die Urangst vor Hunger und Kälte ging um. Auf diese Weise aufgeputscht, rückten die Jäger dem Wild auf die *Decke* oder *Schwarte* und machten auch vor den wehrhaften Giganten der altzeitlichen Fauna nicht halt. Zahlreiche Knochenfunde und eine im niedersächsischen Lehringen ausgegrabene Lanze aus Eibenholz, die zwischen den Rippen eines Waldelefanten steckte, beweisen das. Welches Drama sich in diesem Zusammenhang vor etwa 25 000 Jahren zwischen Mensch und Tier abgespielt hat, kann sich jeder ausmalen, der über genügend Phantasie verfügt.

Zu dieser Zeit wurden die Lagerplätze der Jägerhorden schon lange von einem Tier umschlichen und umschnüffelt, das sich schließlich zum ältesten und treuesten Gefährten des Menschen entwickelte: dem Hund – oder besser gesagt, seinem Vorfahr. Denn was heute in ungefähr 200 Rassen als *canis familiaris* an allen Ecken das Bein hebt, stammt von *canis lupus*, dem Wolf, ab. Daß der Hund, um es bei diesem Allgemeinbegriff zu lassen, die Beutezüge unserer Altvorderen schon recht früh begleitete, gilt als erwiesen. In einer stadtartigen Siedlung aus der Jungsteinzeit, die in Catal Hüyük in Anatolien dem Schutt der Jahrtausende entrissen wurde, ist beispielsweise ein Wandbild zu sehen, das einen Bogenschützen und seinen vierbeinigen Jagdhelfer zeigt, die Wild verfolgen. Als der unbekannte Chronist vor ungefähr 7800 Jahren zu seinen Malutensilien griff, um diesen Vorgang festzuhalten, wurde die Tierwelt übrigens von einem Phänomen heimgesucht, das als das älteste biologische Experiment bezeichnet wird – dem der Domestikation nämlich. Unter ihrem Zugriff waren Schaf und Ziege, Schwein und Rind die nächsten, deren Leben als Art sich fortan veränderte. Aber auch die Existenz der Menschen geriet in eine neue Phase. Der bisher frei umherschweifende Jäger und Sammler wurde seßhaft, bestellte den Acker mit Kulturpflanzen und züchtete Vieh nach seinen Vorstellungen. Mit dem Muster der ersten Wohlstandsgesellschaft begann aber gleichzeitig auch die unaufhaltsame Demontage dieses Planeten.

Die Jagd geriet nun ins Hintertreffen, weil sie als Mittel zum Zweck, sprich zur alleinigen Nahrungssicherung, nicht mehr nötig war. Dem Wild wurde freilich immer noch nachgestellt. Denn der Rausch dieses Urtriebes war nur eingedämmt, aber nicht zum Erlöschen gebracht worden. Wer jetzt jedoch mit Pfeil und Bogen hinauszog, tat es entweder zum Schutz seiner Felder und Herden – oder aus Passion. Für den gemeinen Mann wurde es im Laufe der Zeit allerdings immer schwieriger, dieser Leiden-

Aus dem algerischen Bergland Tassili N'Ajjer stammt diese prähistorische Darstellung einer Jagd, bei der den Beutezug des Menschen bereits vierbeinige, hundeartige Helfer begleiten.

schaft zu frönen. Nachdem die Jagd bis in die Neuzeit hinein jedem erlaubt war, der eine Waffe handhaben konnte, wurde sie nach und nach nämlich ein Privileg der Herrschenden.

Das erste Jahrtausend der neuen Zeitrechnung war noch nicht zu Ende, als hohe Strafen ins ärmliche Haus standen, wenn eine einst für jeden selbstverständliche Tätigkeit in Gebieten ausgeübt wurde, die für Unberechtigte gesperrt waren. Solche Refugien des Waidwerks nannte man damals Bannforste. Während der Ägide Karls des Großen bedeckten sie zum Beispiel riesige Flächen des Karolingerreiches und dienten ausschließlich dem Kaiser zu Hatz und Pirsch auf urige Wildrinder, kapitale Hirsche oder starke Keiler. Immer mehr entwickelte sich die Jagd nun zu einem besonderen Teil im Mosaik des kulturellen und gesellschaftlichen Lebens. Schon gab es Oberjägermeister – aber auch solche, denen nur die Wasser-, Fuchs- und Dachsjagd gestattet war. Die vierbeinigen Helfer, von denen gegen Ende des 9. Jahrhunderts bereits neun verschiedene Rassen Verwendung fanden, hatten Verstärkung aus der Luft erhalten. Denn die Beizjagd mit dem Edelfalken, der im Sturzflug den Reiher oder Kranich schlug, kam immer mehr in Mode. Sie war ein Vorrecht des hohen Adels und wurde bald mit einem Aufwand zelebriert, der alles bisher Dagewesene in den Schatten stellte. Wertvolle Greife wurden buchstäblich in Gold aufgewogen – und der Hohenstaufenkaiser Friedrich II. schrieb als prominentester Falkenjäger aller Zeiten im 13. Jahrhundert mit seinem Werk „Über die Kunst, mit Vögeln zu jagen“ eine Abhandlung von klassischem Wert.

„Über die Kunst, mit Vögeln zu jagen" nannte der Hohenstaufenkaiser Friedrich II. (1212–1250) seine bis heute nicht übertroffene Anweisung in dieser Jagdart. Die berühmte, im Vatikan verwahrte Handschrift ist mit realistischen, wohl noch auf Anweisungen des kaiserlichen Autors zurückgehende Miniaturen illustriert. In mehr als 500 Vogeldarstellungen sind die Vertreter von rund 80 Arten einwandfrei zu identifizieren und – was für eine mittelalterliche Handschrift besonders erstaunlich ist – die Flugordnungen und andere typische Verhaltensweisen zahlreicher Vögel richtig erfaßt.
Auf der hier gezeigten Abbildung sieht man den Kaiser und einen vor ihm knienden Falkner. So nennt man noch heute alle diejenigen, die Greifvögel abtragen, *d. h. zur Jagd auf Hasen oder Flugwild abrichten.*

Seine Erfahrungen als Waidmann brachte rund 250 Jahre später auch Maximilian I. zu Papier. Als gewaltiger Nimrod vor dem Herrn teilt der „Erzjägermeister des Deutschen Reiches" der Nachwelt allerlei mit, was ausgesprochen modern klingt. Von Waidgerechtigkeit ist da ebenso die Rede wie von Schonzeiten, Hege und Winterfütterung. Daß es dem Habsburger damit ernst war, beweisen viele Beispiele. So ist es ihm zu verdanken, daß der Steinbock nicht schon zu seiner Zeit von der Ausrottung bedroht wurde. 1505 pachtete der Kaiser nämlich das berühmte Revier in der Floite und der Gungl im Zillertal, wo dieses Gebirgswild ideale Lebensbedingungen fand, denn „es wäre schadt gewest das dieselben thier ausgeödt worden sein sollen, darum sollte ein jeder Kunig auf die edl thier, die stainpöck, das dem adl zugeben ist, sein aufmerken haben."
Die Kehrseite solchen Denkens und Handelns

war jedoch eine Überhege, die den Äckern der Bauern katastrophal schlecht bekam. Von einer Reduzierung der Wildmassen wollte Maximilian jedoch nichts wissen. Eifersüchtig wachte er darüber, daß in seinen Leibgehegen kein anderer waidwerkte als er. 1514 wurde ein Mandat erlassen, das allen Untertanen verbot, sich in den Revieren mit „puxen, stahlen oder andern geschucz" blicken zu lassen.

Da war es kein Wunder, daß das Volk landauf und landab stöhnte, murrte und aufbegehrte. Unerträglich lastete der Druck der Jagd auf ihm, für die es alle möglichen Frondienste leisten mußte. Manche Rebellion wurde daher auch durch die Jagdgepflogenheiten der Herrschenden ausgelöst. „Wasser, Wild, Waid und Haid, Wildbann und Fischerei, so seitdem von Fürsten, Herren und Pfaffen gebannet gewesen, sollen frei und offen sein, so daß jeder Bauer jagen und fischen mag, allezeit und überall", forderten unter anderem die Anhänger des „Bundschuhs" im 16. Jahrhundert. Der Schuß ging allerdings nach hinten los. Denn als der Bauern-Aufstand 1525 zusammenbrach, nahm die Macht der Fürsten zu, die das Jagdrecht nun auf das ganze Land ausdehnten. Nur in Schwaben und in einigen Orten Frankens war dem kleinen Mann in bestimmten Territorien die „freie Pürsche" gestattet. Aber wann sollte er die angesichts seiner vielen Pflichten ausüben? Also blieb alles beim alten: vor allem der Adel und der Klerus jagten.

„Es ist das Jagen eine tapfere und ritterliche Übung und dem Adel gleichsam ein präludium belli, darinnen sie lernen ein wildes Tier mit List und Geschwindigkeit anfallen, bestreiten und fällen, zu Fuß und zu Pferde ihre Waffen und Gewehre geschicklich brauchen, Kälte, Hitze, Regen und Ungewitter sowol als der Sonnen heiße Strahlen ertragen und dulten, Durst und Abmattungen zu erleiden, die Gegend und Nachbarschaft von schädlichen, reißenden Tieren zu erledigen. Darum die Jagt von großen und berühmten Potentaten allzeit geliebt und getrieben worden; dann ist sie eine Gemütserquickung, eine Schwermutsvertreibung, eine Feindin des Müßiggangs und aller derer daraus entspringenden Laster, eine Erneherin der Gesundheit, Übung des Leibs, Vorspiel und Spiegel des Kriegs und eine gute und reiche Küchenmeisterin, die unsere Tafeln mit guten und herrlichen Speisen versorget."

Dieses Zitat aus einer 1701 erschienenen Beschreibung „Adeligen Land- und Feldlebens" kann als eine Rechtfertigung der Jagd angesehen werden. Schlechtes Gewissen sollte man aufgrund des Gottesgnadentums, in dem sich die hohen Herren sonnten, dabei freilich nicht unterstellen. Es weist aber auch darauf hin, daß schlappe Zeitgenossen sich beim Waidwerk schwer getan haben dürften. Vor allem die Parforcejagden zu Pferde, bei denen hinter den Hunden durch dick und dünn jeweils nur ein Stück Wild gehetzt wurde, verlangten ganze Kerle und eine eiserne Konstitution. Der Ausdruck „par force" kommt übrigens aus dem Französischen und bedeutet „mit Gewalt". Vom Sattel aus versuchte man dem Hirsch oder der Sau zwar schon länger beizukommen, aber erst im 18. Jahrhundert waren Parforcejagden überall in Mode.

Im Barock entwickelte sich das gesamte Jagdwesen zu einer Hochkultur, in der viel Licht und unerhörter Glanz strahlte – die aber auch düstere Schatten warf und namensloses Leid über die Kreatur brachte. Die Einteilung in hohe und niedere Jagd, unzählige Reglementierungen, zeremonielles Brimborium und vielerlei mehr, gab es auch schon früher. Nun aber bläht sich manches ungesund auf. Das Waidwerk gerät fast zur Geheimwissenschaft, und was als Kunst ausgegeben wurde, entartete teilweise. Denn gejagt wird jetzt bis zum Exzeß. Bei den sogenannten „eingestellten oder teutschen" Jagden wurde das Wild durch ein riesiges Aufgebot von Helfern und zweckdienlichen Vorrichtungen in oft wochenlangen Aktionen aus allen Himmelsrichtungen zusammengetrieben, auf engstem Raum ausbruchsicher eingepfercht – und anschließend zur Gaudi vieler vornehmer Zuschauer vom Fürsten und seinem Gefolge niedergemetzelt. Das haarsträubendste solcher uns bekannten Massaker ereignete sich 1748 im württembergischen Leonberg. Von 8000 Stück absolut chancenlosen Wildes schlachtete man damals 5000 ab. Vor diesen entsetzlichen Zerrbildern, die mit „edlem Waidwerk" nichts mehr zu tun hatten, mag einem grausen – andere Aspekte des jagdlichen Geschehens der Barockzeit sollten aber nicht übersehen werden. So erreichte die Fähigkeit, einen Hirsch aufzuspüren, ihn richtig anzusprechen,

Kleidung und Werkzeuge des Jägers haben sich im Laufe der Zeit verändert – Keiler und Rehbock fallen ihm jedoch noch heute zur Beute.
Nächste Doppelseite: Vorbei sind auch die Tage, in denen das Wild wie 1748 in Leonberg zu Tausenden regelrecht massakriert wurde.

Un Chasseur. Ein Jäger.

1. la pique. 1. das Saüeisen Fangeisen od. Schweinsfeder. 2. la goujette. 2. der Schrot-Sackh od. Beütel. 3. Corne à poudre. 3. das Hifft Horn. 4. bandouliére. 4. Hornfeßel od. riemen. 5. couteau de chasse. 5. der Hirschfänger. 6. la gibeciére. 6. die Waydtasche. 7. Carabine. 7. eine Bürst Büxe od. Saüstüzen. 8. un Sanglier. 8. ein Wildschwein. 9. un Chevreüil. 9. ein Rehbockh. 10. matins. 10 Hez hünde. 11. filets. 11. Neze.

Cum Priv. Maj. M. Engelbrecht excud. A.V.

Zu den bedeutendsten „Jagdreportern" der Barockzeit gehört der 1698 in Ulm geborene Maler und Kupferstecher Johann Elias Ridinger. Bis zu seinem Tod im Jahr 1767 entstanden in seiner Werkstatt etwa 400 Blätter, auf denen jagdliche Szenen dargestellt sind.
Hier wird eine Parforcejagd gezeigt, bei der die Jagdgesellschaft dem Hirsch schon sehr nahe gekommen ist. Bei genauem Hinsehen kann man erkennen, daß der Jäger im Vordergrund sein Horn an den Lippen hat. Gemäß dem Brauch blies er das Signal „à la vue" – das immer dann ertönte, wenn das Wild in Anblick kam. Auch das „Halali" zum Abschluß einer erfolgreichen Jagd wird sicherlich noch durch den Wald geklungen sein. Dieses Wort ist eine Verballhornung des französischen „ha, là lit", was auf deutsch „ha, da liegt er" heißt.

mit dem Hund in die gewünschte Richtung zu dirigieren und anschließend zur Strecke zu bringen, ein seitdem nicht mehr übertroffenes Niveau. Die Berufsjäger kamen zu hohen Ehren, Jägerhöfe wurden gegründet, und neben den jagdlichen Fertigkeiten schlechthin wurde auch das Brauchtum auf einen Stand gebracht, der als Maßstab für kommende Zeiten erhalten blieb. Jagdliteratur und Jagdkunst hatten Konjunktur. Hans Friedrich von Flemming und Heinrich Wilhelm Döbel schrieben ihre prachtvollen Werke – und in Augsburg stach Meister Johann Elias Ridinger alles in Kupfer, was die Jagd an Vorlagen lieferte. Immer unüberhörbarer aber wurde das Grollen, mit dem sich eine neue Zeit ankündigte. Im Volk gärte und rumorte es bereits seit Jahrhunderten. Das unmäßige Jagen der herrschenden Klasse hatte Wald und Feld tiefe Wunden und Narben zugefügt. Weder dafür noch für die Verwüstungen, die das Wild anrichtete, wurden an die Bauern je Entschädigungen gezahlt. Als der Volkszorn schließlich wieder einmal überkochte, war es daher auch die Jagd, die erneut dazu beigetragen hatte. Nun wurden ihre so lange erfolgreich verteidigten Bastionen durch den Sturm auf die Bastille und die Französische Revolution jedoch geschliffen. Sechzig Jahre später war es auch in Deutschland soweit: am 5. Oktober 1848 erklärte die Nationalversammlung des Deutschen Bundes, daß „die Jagdgerechtigkeit auf fremden Grund und Boden, Jagddienst, Jagdfronen und andere Leistungen für Jagdzwecke ohne Entschädi-

gung aufgehoben sind. Jedem steht das Jagdrecht auf eigenem Grund und Boden zu."

Was Hinz und Kunz daraufhin in der Wildbahn anrichteten, spottet jeder Beschreibung. Innerhalb kürzester Zeit erlitt die freilebende Tierwelt einen Aderlaß, der gebietsweise zur Ausrottung ganzer Arten führte. Ein neues Naturempfinden bewahrte die Wälder jedoch vor der Verödung. Nahezu gleichzeitig wurde per Gesetz verfügt, daß die Reviere eine Mindestgröße haben müssen. Allerdings bewirkte die Dezimierung des Wildbestandes auch etwas Positives. Durch den Wegfall der meisten Kostgänger konnten sich die arg ramponierten Forste nämlich erholen und durch Naturverjüngungen bei Buche, Eiche oder Tanne das in die Höhe bringen, woran heute der saure Regen frißt. Auch mit Hirsch, Sau und Reh ging es langsam wieder aufwärts. Jagdlich lag bis weit in unser Jahrhundert hinein aber noch vieles im argen. Deswegen griff die Obrigkeit mit dem 1935 in Deutschland in Kraft getretenen Reichsjagdgesetz zum Nutzen von Wild, Wald und Waidwerk noch einmal reglementierend ein. Im Vordergrund der Gebote standen die Wildhege, die zweckmäßige Gestaltung der Jagdbezirke, die Bedingungen der Jagdpacht, die behördliche Abschußfestsetzung, die Jägerprüfung und der waidgerechte Jagdbetrieb. Auf diesem Gedankengut baute schließlich das Bundesjagdgesetz auf, an das sich hierzulande seit 1953 alle Jäger zu halten haben. Um seine Richtlinien beneidet uns die ganze Welt. Denn sie sind der Garant dafür, daß das uns anvertraute Erbe nach bestem Wissen und Gewissen verwaltet wird.

Seit den Zeiten derer, die mit Keule und Steinbeil urweltliches Wild erbeuteten, ist unsere Welt eine andere geworden. Gejagt aber wird immer noch. Und zwar überall und unabhängig von gesellschaftlichen Systemen – denn dieser Urinstinkt des Menschen, der ihm einst das Überleben sicherte und mitverantwortlich für das Erreichen höherer geistiger Sphären ist, blieb erhalten. Existentiell notwendig, das heißt, in Form der Nahrungssicherung, ist die Jagd heutzutage freilich nicht mehr. Warum jagen wir dann aber noch? Weil sie unverzichtbarer ist denn je! Ohne das Eingreifen der Jäger würde sich das Wild in unserer Kulturlandschaft – die von allen möglichen Belastungen gebeutelt wird und in der außerdem kein Großraubwild mehr vorkommt – so stark vermehren, daß es bald keine ausreichende Nahrungsgrundlage mehr hätte. Die Folgen wären Degeneration, seuchenhaftes Auftreten von Krankheiten und schließlich der Exitus ganzer Arten. Die Jagd trägt daher in entscheidendem Maße dazu bei, die Lebensgrundlage der Wildbestände zu sichern und in stabilen und gesunden Populationen zu erhalten. In diesem Sinne ist Jagd also angewandter Naturschutz – von dem ja aus berechtigtem Grund überall so viel geredet wird. Trotzdem werden hierzulande pro Tag rund 100 Hektar Natur dem Moloch Fortschritt geopfert.

Bei seinen Handlungen spielt der Waidmann allerdings nicht den Part des Jägers aus Kurpfalz, der schoß, „grad wie es ihm gefallt". Er betreibt Wildbewirtschaftung, um es mit einer nüchternen Vokabel zeitgemäß-sachlich auszudrücken. Dabei hat er sich an gesetzliche Regelungen zu halten, die ihm zum Beispiel in Form von Abschußplänen vorschreiben, was und wieviel er erlegen darf. Zum Wohle der Wechselbeziehungen zwischen Pflanzen- und Tierwelt, zur Aufrechterhaltung eines funktionierenden ökologischen Gefüges also, verfährt er außerdem so, daß nur der Überschuß abgeschöpft wird. Bei der Bejagung von Rot-, Reh- oder Schwarzwild geschieht das außerdem noch unter selektiven Gesichtspunkten, nach denen zuerst kranke und schwache bzw. unterentwickelte Stücke erlegt werden und dann erst reife.

Der Deutsche Jagdschutz-Verband, die Dachorganisation der Landesjagdverbände in der Bundesrepublik Deutschland, hat dies in einer Schrift an einigen Beispielen erläutert. Unter anderem wird angeführt, daß ein Waldgebiet nur eine begrenzte Zahl Rotwild ernähren kann, wenn es genügend Festmeter Holz bringen und sich durch Selbsthilfe verjüngen soll. Weil in unseren Forsten der Wildbestand aber nicht mehr durch Bär und Wolf gezehntet wird, muß der Jäger dafür sorgen, daß das natürliche Gleichgewicht nicht noch mehr aus den Fugen gerät.

In der Bundesrepublik Deutschland gibt es zur Zeit etwa 250 000 Jäger. Um sich so nennen zu dürfen, müssen sie sich in einem schwierigen Examen schriftlich und mündlich auf Herz und Nieren prüfen lassen. Dabei sind genügend Kenntnisse in Wildkunde und Führung der Jagdwaffen ebenso zu beweisen wie ausreichendes Wissen über Naturschutz und Waldbau, um aus dem umfangreichen Katalog der einzelnen Sachgebiete nur einige zu nennen. Im praktischen Teil der Prüfung wird schließlich die nötige Fertigkeit im Schießen getestet. Ohne Zweifel sind es elitäre Anforderungen, die hier gestellt und erfüllt werden müssen. Der Kreis derer, die in diesen Prüfungen in die Mangel genommen werden, ist es entgegen landläufiger Ansicht jedoch nicht. Jäger kommen aus allen Schichten unserer Gesellschaft. Landwirte, Angestellte, Beamte und Hausfrauen sind unter ihnen ebenso zu finden wie Kaufleute und Fabrikanten.

Um ihren Aufgaben nachgehen zu können, greifen die Jäger ordentlich in die Tasche und geben pro Jahr rund 700 Millionen Mark aus, von denen knapp 380 Millionen für die Anpachtung von Revieren am deutlichsten zu Buche schlagen. Die finanziellen Aufwendungen kommen aber nicht nur dem Wild und der Natur zugute, sondern sind auch ein volkswirtschaftlicher Faktor von Bedeutung. Beispiels-

Jagd- und Schonzeiten in der Bundesrepublik Deutschland

Die Jagd darf ausgeübt werden auf:		April	Mai	Juni	Juli	Aug.	Sept.	Okt.	Nov.	Dez.	Jan.	Febr.	März
Rotwild	Kälber											28	
	Schmalspießer											28	
	Schmaltiere												
	Hirsche und Alttiere												
Dam- und Sikawild	Kälber											28	
	Schmalspießer											28	
	Schmaltiere												
	Hirsche und Alttiere												
Rehwild	Kitze											28	
	Schmalrehe		16										
	Ricken												
	Böcke		16					15					
	Gamswild									15			
	Schwarzwild			16									
	Feldhasen										15		
	Rebhühner									15			
	Fasanen										15		
	Wildtruthähne		15								15		15
	Wildtruthennen										15		
	Ringel- und Türkentauben												
	Graugänse										15		
	Bläß-, Saat-, Ringel- und Kanadagänse										15		
	Stockenten										15		
	alle übrigen Wildenten außer Brand-, Eider-, Eis-, Kolben-, Löffel-, Moor-, Schell- und Schnatterenten										15 15		
	Waldschnepfen							16			15		

Bemerkung: *Die Länder* der Bundesrepublik Deutschland können *abweichende* Bestimmungen erlassen.

Schonzeiten (grau)
Jagdzeiten (weiß)

In der Bundesrepublik Deutschland haben alle wildlebenden Tiere, die dem Jagdrecht unterliegen, genau vorgeschriebene Schuß- und Schonzeiten – wie aus dem hier abgebildeten Auszug dieser Verordnung ersichtlich ist.
Nächste Doppelseite: Dieses Küchengemälde von David Teniers d. J. (1610–1690) trägt zu Recht den Titel „Die reiche Küche".

DAVID · TENIERS · F

weise ist der „Pachtschilling" für die größtenteils aus ländlichen Kommunen bestehenden Verpächter eine ständig fließende Einnahmequelle. Schließlich stellt auch das jährlich als hochwertiges Fleisch in den Haushalten verbrauchte Wildbret einen nicht zu unterschätzenden Wert dar. Immerhin sind es 13000 Tonnen, die sich auf einen Wert von 175 Millionen DM beziffern. Im Vergleich zu anderen Zahlen der Ernährungsbranche ist das natürlich nicht viel. Aber die Waidmänner des 20. Jahrhunderts spielen in dieser Hinsicht ja auch nicht mehr die Rolle wie die Jäger in grauer Vorzeit. Ihre Aufgaben sind andere – in einer von kalter Fortschritts-Mentalität geprägten Welt jedoch kaum minder wichtige.

Wissenswertes vom Wildbret

Wenn man Wildbret mit dem Fleisch von Haustieren vergleicht, wird man in der Regel immer zu dem Schluß kommen, daß es feinfaseriger, fettärmer und eiweißreicher ist. Viele andere Stoffe, z. B. Calcium, Phosphor und Eisen und die Vitamine B1 und B2, machen es appetitanregend, blutbildend und leicht verdaulich. Für den Handel mit Wild gelten zahlreiche Gesetze und Verordnungen, die den Verbraucher vor gesundheitlichen Gefahren und wirtschaftlichen Nachteilen schützen sollen: dazu zählt das Tierseuchengesetz und das Fleischbeschaugesetz, das bei Schwarzwild die Untersuchung auf Trichinen bindend vorschreibt.

Wildbret ist heute auf dem Markt jederzeit zu bekommen und wird meistens portioniert und küchenfertig angeboten. Kauft man jedoch ein ganzes Stück, dann sollte es gut abgehangen sein. Ist das nicht der Fall, muß es in der Decke oder im Gefieder an einem kühlen, trockenen Ort luftig aufgehängt werden. Haarwild soll man acht bis zehn Tage so behandeln, bei Federwild genügt die Hälfte der Zeit. Diese Prozedur wird im Ergebnis noch verfeinert, wenn dabei eine Methode zur Anwendung gelangt, die früher in der Schloßküche des Fürsten Ratibor in Schlesien üblich war. Hase, Fasan oder Rebhuhn wurden dort ausgenommen und innen mit einem Tuch sorgfältig abgetrocknet. Dann streute man einige grob zerstoßene Pfefferkörner, Wacholderbeeren, ein wenig Rosmarin und ein paar Lorbeerblätter auf einen großen Bogen Papier, der locker zusammengeknüllt in die Bauchhöhle gesteckt wurde. Mit diesen Beigaben versehen, hing das Wild ab und erfuhr bereits vor der endgültigen Behandlung in der Küche eine Geschmackssteigerung.

Um Wildbret zarter und mürber zu machen oder seinen Geschmack zu verbessern bzw. zu steigern, kann man es nach alter Sitte beizen. Das geschieht entweder mit Essig, Rotwein oder Buttermilch, denen Gewürze und Kräuter beigemischt werden. Als Gefäß wird immer ein Tontopf verwendet und nie eines aus Metall oder Emaille. Das von Kennern geschätzteste, aber kaum bekannte Verfahren stammt aus der französischen Küche. Hier wird das Wildbret mindestens zwölf, aber niemals länger als vierundzwanzig Stunden in Rotwein gebeizt, dem etwa ein Achtelliter Essig und das gleiche Quantum besten Kognaks sowie die üblichen Ingredienzien zugefügt wurden. Das delikate Geheimnis dieser Methode besteht jedoch darin, daß die Beize, die das Wildbret wenigstens fingerhoch überdecken muß, mit einer ordentlichen Schicht Olivenöl abgesiegelt wird. Dadurch können der Alkohol und die Aromastoffe nicht verdunsten, sondern durchziehen den zukünftigen Braten in voller Stärke.

Vom König der Wälder und anderen Wildtieren

Hirsch

In unseren Wildbahnen ist der Hirsch ohne Zweifel der *primus inter pares* – der Erste unter Gleichen. Und das nicht erst seit heute. Denn der König der Wälder erfreute sich schon vor Hunderten von Jahren des größten Ansehens unter Jägern. Hans Friedrich von Flemming, der ehemals kursächsische Oberforst- und Wildmeister, schrieb Anfang des 18. Jahrhunderts in seiner damals lange Zeit als Standardwerk geltenden Jagdchronik „Der vollkommene teutsche Jäger und Fischer", daß „der Hirsch unter allen wilden und zahmen Thieren wohl billig for das edelste Thier gehalten wird, so sich mit seinem erhabenen Gehörne den Menschen vor allen anderen präsentieret. Er dienet nicht nur allein hohen und niederen Standespersonen zu einem sonderbarem Divertissement bey der Jagt, sondern auch den Menschen zu einer guten Speyse."

Daran hat sich, wie gesagt, bis jetzt nichts geändert. Bezogen auf die hierzulande vorkommende Fauna, genießt der Hirsch den höchsten jagdlichen Stellenwert – wobei diese Einstufung in engem Zusammenhang mit jenem Gebilde steht, welches das zu solcher Wertschätzung gelangte Objekt auf seinem Haupt trägt. Barockfürsten vernachlässigten darüber das Regieren und die Sorgfaltspflicht für ihre Untertanen, und mancher Jäger greift heute tief in das Portefeuille, um sich ein kapitales Geweih an repräsentativer Stelle an die Wand zu hängen. Aber Hand aufs Herz: es ist auch eine atemberaubende Angelegenheit, einen auf der vollen Höhe seiner Entwicklung stehenden Hirsch in Anblick zu bekommen – und ein alle Sinne beutelndes Fieber, auf ihn waidwerken zu dürfen.

Mit dem Geweih des Hirsches geschieht übrigens Jahr für Jahr fast Unglaubliches. Als *Cervide,* als Knochenträger, gehört er ja wie auch der Rehbock zu den Wildtieren, die ihren Kopfschmuck periodisch abwerfen und dann wieder neu aufbauen – *schieben,* wie es in der Waidmannssprache heißt. Für diese Prachtentfaltung benötigt der Hirsch rund 120 Tage. Direkt nach dem Abwerfen, das aufgrund eines innersekretorischen Vorgangs und altersbedingt früher oder später erfolgt – als erste werden die älteren Semester von dieser Prozedur Ende Februar, Anfang März heimgesucht –, entwikkelt sich die Basthaut, und die Geweihbildung kommt voll in Gang. Der Bast ist eine pelzigsamtene Hautschicht, von der die allmählich immer weiter in die Höhe sprossende Hauptzier vollständig umschlossen wird. In der Wachstumsphase versorgt sie diese in Form von phosphor- und kohlensaurem Kalk sowie Magnesium mit „Treibstoff". Transportmittel dieser Substanzen ist das Blut, dessen Gefäße in der Längsrichtung des Geweihs verlaufen. Als rillenartige Vertiefungen sind sie später, wenn der Vorgang des Schiebens beendet, die Knochenmasse erhärtet und die Basthaut abgestreift worden ist, noch deutlich zu erkennen.

Um den Bast zu entfernen, *fegt* der Hirsch, d. h., er bearbeitet mit seiner frischerstandenen Wehr Sträucher und Bäumchen, die er zum Teil kurz und klein schlägt. Dabei treten die zunächst knochenfarbig hellen Stangen mit den Säften der Baumrinde in Verbindung, so daß das Geweih nach und nach eine immer dunklere Farbe annimmt. Allerdings stellt es nicht von Jugend an ein Gebilde von beeindruckender Masse mit zwölf oder mehr Enden dar, sondern wächst sich erst im Laufe der Zeit zu voller Pracht aus – und das auch nur dann, wenn der jeweilige Träger die entsprechende Veranlagung besitzt. In der Regel schiebt der einjährige Hirsch nur Spieße und der zweijährige ein Geweih mit sechs Sprossen. Erst wenn mit etwa fünfeinhalb Jahren die körperliche Entwicklung abgeschlossen ist, setzt aufgrund der nun in größerer Menge vorhandenen Über-

Die einzelnen Bilder zeigen von links nach rechts zunächst das hierzulande am häufigsten vorkommende Schalenwild: einen reifen, sicherlich 10 Jahre alten und damit voll jagdbaren Rothirsch – einen Keiler mit blitzendem Gewaff, wie die beiden Eckzähne im Ober- und Unterkiefer des männlichen Wildschweines in der Jägersprache genannt werden – und einen Rehbock, der von einem Sechsergehörn gekrönt ist und ziemlich nahe am Zielalter steht. Rechts außen sitzt der Hase als Vertreter einer Niederwildart, die unter den nicht mehr intakten Umweltverhältnissen sehr zu leiden hat.

schüsse die volle Schubkraft ein. Dann kann die von allen Jägern so sehr begehrte Trophäe ein beachtliches Gewicht erreichen. In den Spitzenkategorien beträgt es hierzulande 8 bis 9 Kilogramm – in den gesegneteren Wuchsgebieten Ungarns jedoch bringt sie in den höchsten Klassen 12 und mehr Kilogramm auf die Waage. Im Vergleich zum Geweih des Riesenhirsches, der in früheren Erdzeitaltern seine Fährte zog, sind das jedoch Lappalien. Er nämlich schleppte Lasten mit sich herum, die auf 45 Kilogramm geschätzt werden.

Zoologisch zählt der Hirsch bzw. das Rotwild, um den waidmännischen Ausdruck zu benutzen, zu den paarhufigen Vertretern des Tierreiches. Außerdem gehört Rotwild zu der Gruppe der Wiederkäuer. Seinen Lebensraum findet es überall dort, wo große Wälder vorhanden sind. Rotwild lebt in Rudeln, die überwiegend nach Geschlechtern getrennt sind. Es ist ausgesprochen störungsempfindlich und scheu – *heimlich,* wie der Jäger sagt. Die größte Wildart unserer Breiten findet in den verstümmelten Fluren der Industrieländer allerdings kaum noch ausreichende Lebensbedingungen. Es trotzdem zu erhalten, ist die schwere Zukunftsaufgabe all derer, die es lieben.

Wildschwein

Die wilden Sauen sind die letzten wehrhaften Kreaturen unserer heimischen Wälder. Um ihre Existenz kämpfen sie freilich nicht, obwohl sie in der zweiten Hälfte des vergangenen Jahrhunderts gebietsweise fast ausgerottet wurden, wofür die nach der Revolution von 1848 zustande gekommene allgemeine Jagdfreiheit verantwortlich war.

Stehvermögen beweisen die Sauen allerdings schon länger. Sie gehören ja zu einer Spezies, deren älteste Vertreter bereits vor 60 Millionen Jahren, im Tertiär, auftauchten.

Als Allesfresser war und ist ihnen Nahrungsmangel aber auch weitgehend fremd und Schmalhans Küchenmeister ein fast unbekannter Geselle. Hinzu kommt ihre Vermehrungsfreudigkeit, die so groß wie bei keiner anderen Schalenwildart ist. Nach Zeiten mit guter Mast nimmt die Zahl der Nachkommen in einem Maße zu, wie es in der Fauna sonst nur bei kleineren Tieren beobachtet werden kann, beispielsweise bei Mäusen. Ist das Nahrungsangebot geringer, kommen auch weniger Frischlinge zur Welt. Deren weibliche Vertreter können bei strammer Entwicklung übrigens schon im ersten Lebensjahr *beschlagen* werden – was ein weiterer Grund für die vielerorts kopfstarken Bestände des Schwarzwildes ist, wie die Sauen wegen der Farbe ihres Kittels auch genannt werden. Wenn es die Natur durch besonders reiche Mast und einen milden Winter jedoch gar zu gut meint, dann *frischt* ein und dasselbe Stück im Verlauf von zwölf Monaten sogar zweimal. Wie hoch kann nun die Zahl eines einzigen Wurfes sein? Eine grobe *Bache,* wie eine weibliche Sau von starker Statur und mehr als drei Jahren bezeichnet wird, wirft normalerweise sechs bis acht *Frischlinge* – jüngere Bachen entsprechend weniger. Die Tragzeit dauert 16 bis 18 Wochen. Für das Frischen, das in der Regel im März/April stattfindet, baut die Bache erstaunlich kunstvoll ein regelrechtes Nest, in dem die sehr wärmebedürftigen und nässeempfindlichen Frischlinge vor den Unbilden der Witterung geschützt sind. Bei ihrer Geburt wiegen die gelbbraunen, mit weißen Längsstreifen gezeichneten Winzlinge etwa 750 Gramm. Unter der Führung der Bache, die eine treusorgende Mutter ist, nichtsdestotrotz aber ein strenges Regiment führt, wachsen sie überraschend schnell und haben nach zwei Monaten schon ein Gewicht von vier bis fünf Kilo. Die männlichen Frischlinge sind in jedem Wurf leicht in der Überzahl, was nebenbei bemerkt auch beim Hausschwein der Fall ist.

Sauen leben mit Ausnahme der *Keiler,* die der quirligen Unruhe größerer Ansammlungen von Artgenossen das relativ ungestörte Dasein von Einsiedlern vorziehen, gesellig in mehr oder weniger starken Rotten. Dabei demonstrieren sie ein erstaunlich gut entwickeltes Sozialverhalten. Zum Beispiel werden Frischlinge, die ihre Mutter verloren haben, von anderen Bachen mitversorgt. Im Gegensatz dazu wird beim Rotwild ein verwaistes Kalb vom Rudel abgeschlagen und einem Leben als Kümmerer ausgeliefert. Auch die Redensart vom „dummen Schwein" ist eine Mär. Die Intelligenz des urigen Wildes ist enorm, und seine Sinne gleichen bis auf eine Ausnahme äußerst empfindlichen Peilgeräten, die bei geringster Wahrnehmung von Ungewöhnlichem sofort ausschlagen. „Sie vernimmt und wittert sehr gut", schrieb Georg Franz Dietrich aus dem Winkell 1820 in seinem „Handbuch für Jäger, Jagdberechtigte und Jagdliebhaber" über die diesbezüglichen Eigenschaften der wilden Sau. „Desto weniger scharf äuget sie; denn es gibt keine andere Wildart, welche, wenn der Wind gut ist, dem Jäger, in so fern er recht still steht, so nahe auf den Hals käme, ohne ihn zu bemerken ... Vor pressirten oder verwundeten Sauen hat jedoch selbst er Ursache auf seiner Hut zu seyn. Unglaublich schnell kommt das Schwein gefahren, wenn es einen Menschen oder ein Thier annimmt ... Dem Jäger bleibt, wenn er auch kein Schießgewehr hat, noch sein Hirschfänger übrig, in so fern er Kraft, Muth und Geschicklichkeit genug besitzt, das Schwein daran auflaufen zu lassen. Wer sich darauf nicht einlassen kann oder will, der suche in möglichster Eil auf den ersten besten Baum zu kommen; nur verlange er nicht, wenn er Jäger ist, daß seine Kameraden diese Art, sich zu befreien, ehrenvoll finden sollen." Dem ist nichts mehr hinzuzufügen.

Reh

Der älteste in Europa vorkommende Vertreter der hirschartigen Tiere lebt heute in Deutschland und den angrenzenden Ländern in fast allen Regionen. Es gibt kaum Reviere, in denen das Reh nicht vorkommt. Natürlich ist seine Zahl dort am stärksten, wo es die besten Lebensbedingungen vorfindet. Das ist ein Biotop, der neben sicheren und stillen Refugien zum Ruhen auch gute Äsungsverhältnisse bietet. In dieser Hinsicht ist der *capreolus,* wie das Reh in der lateinisch geführten Systematik des Tierreiches genannt wird, allerdings besonders anspruchsvoll. Es ist nämlich ein Selektiväser, d. h., es sucht sich aus dem Nahrungsangebot ganz bestimmte Pflanzen heraus und fühlt sich am wohlsten, wenn sein Tisch mit etwa 125 verschiedenen Gräsern und Kräutern gedeckt ist. Mit anderen Worten: das Reh ist ein Feinschmecker!

Von dieser im Durchschnitt etwa 15 Kilogramm schweren Wildart gibt es in der Bundesrepublik Deutschland ungefähr 1600000 Exemplare, von denen pro Jahr rund 650000 erlegt werden. Hier muß man allerdings erklärend hinzufügen, daß die Jäger nur den jährlichen Zuwachs abschöpfen. Da eine Ricke in der Regel zwei Kitze setzt, hält sich der Gesamtbestand praktisch immer in der gleichen Höhe. Über die Vermehrung des Rehes ist übrigens Erstaunliches zu berichten. Zwar findet die Paarungszeit Ende Juli/Anfang August statt, der Embryo beginnt aber erst Mitte Dezember zu wachsen. Diese Keimruhe ist von der weisen Allmutter Natur eingerichtet worden. Und zwar deshalb, weil die eigentliche Tragzeit des Rehes etwa fünf Monate dauert und die Kitze bei sofortiger Entwicklung mitten im Winter zur Welt kommen würden. So aber werden sie im Mai/Juni gesetzt, wenn die Sonne Wärme spendet und die Begrünung ihres Lebensraumes auf vollen Touren läuft.

Diese Kuriosität beschäftigte lange Zeit die Gemüter.

Sogar Altmeister Heinrich Wilhelm Döbel, ein gar kenntnisreicher Forst- und Jagdschriftsteller des Barocks, ließ sich hinters Licht führen. „Daß die Rehe ihre richtige Brunftzeit nicht im August, sondern Anfang Dezember haben, solches will ich beweisen", schrieb er 1746 in seinem Werk „Neu eröffnete Jäger-Praktika". Womit er schließlich gar nicht so unrecht hatte, denn der Bock gerät nämlich im November/Dezember mitunter noch in Rage. Während dieser Nachbrunft werden von ihm jedoch nur die Ricken beschlagen, die im Sommer zu kurz gekommen sind. Auch bei besonders gut entwickelten weiblichen Kitzen soll sich zu dieser Jahreszeit schon mal ein lüsterner Freier einfinden. Die Keimruhe fällt dann jedoch aus – da-

Rehrücken

1,2–1,5 kg Rehrücken häuten, salzen und pfeffern. In einer flachen Kasserolle in Butter rundum anbraten. Im auf 220 °C vorgeheizten Backofen etwa 30 Minuten braten, dann herausnehmen und 250 g Röstgemüse in Würfeln (Zwiebel, Karotte, Sellerie, Lauch) zusammen mit den Wildabschnitten und einer zerdrückten Wacholderbeere in den Bräter geben. Rehrücken warmstellen. Das Gemüse mit ½ Liter Rotwein und ¼ Liter Brühe nach und nach ablöschen, alles einkochen lassen. Dann durch ein Sieb passieren und die Sauce mit 200 g Crème fraîche verfeinern, abschmecken. Das Fleisch vom Knochen lösen und schräg in Scheiben schneiden, wieder auf die Knochen legen. Kroketten und mit Preiselbeeren gefüllte Birnen dazu reichen.

SILBERNE

mit es wenigstens mit dem Setzen seine Richtigkeit hat.

Die Kitze tragen auf ihrer rotbraunen Decke zunächst weiße Flecken, die aber nach etwa sechs Wochen vom nachwachsenden Sommerhaar allmählich verdeckt werden. Bis zum Setzen im kommenden Jahr werden sie von der Ricke *geführt* (gesäugt nur etwa sechs Monate), stehen aber auch danach noch eine Zeitlang in mehr oder weniger enger Verbindung zu ihr. Rehwild *rudelt* sich ja nicht, tritt also nicht in kopfstarken Verbänden auf, wie beispielsweise Rot- oder Gamswild. Nein – es macht bis auf die Notgemeinschaften im Winter auch hier eine Ausnahme. Dabei benehmen sich sowohl der Bock als auch die Ricke gegenüber Artgenossen mitunter ausgesprochen rabiat. Deswegen paßt auch das Klischee vom „süßen Bambi" nicht in das Bild der Wirklichkeit.

Hase

Da Meister Lampe sich in der Regel dreimal pro Jahr paart, glaubte man vor längerer Zeit, dies wäre die Folge überdurchschnittlich entwickelter Bedürfnisse. Prompt erließ Papst Zacharias 752 eine Verordnung, die den Verzehr dieses Wildbrets verbot. Der Heilige Vater befürchtete nämlich, „die Geylheyt vom Hasen" könnte sich auf die Christenheit übertragen und sie zu Ausschweifungen veranlassen. Es ist nicht bekannt, welche Wirkung das päpstliche Veto hatte. Allerdings ist zu vermuten, daß es nicht allzu viel fruchtete – schon deswegen, weil das Fleisch dieses Wildes so schmackhaft ist.

Ein wesentlich begründeteres Verbot, den Hasen nicht mehr auf die Speisekarte zu setzen, kann unter Umständen in naher Zukunft in Kraft treten. Um ihn ist es nämlich schlecht bestellt. Zwar werden hierzulande im Jahr noch rund 650000 Vertreter seiner Art erlegt, aber bereits seit einiger Zeit weisen die Strecken an Stückzahl einen besorgniserregenden Rückgang auf. Und schon lange sind überall die Tage vorüber, wo bei den großen „Hasenschlachten" Tausende dieser schnellfüßigen und hakenschlagenden Flitzer geschossen wurden. In vielen Revieren werden sie gar nicht mehr, in den meisten nur noch sehr behutsam bejagt. Denn aus dem vollen kann der Jäger bei diesem Wild nicht mehr schöpfen. Wie ist es dazu gekommen? Früher fand der Hase in der Feldflur zu jeder Jahreszeit einen gedeckten Tisch. Da stand hier ein Kraut und dort ein anderes – die Vielfalt war fast unübersehbar. Heute wird jeder nutzlose Halm als Unkraut mit chemischen Präparaten weggespritzt und der Acker mit endlosen Monokulturen bestellt. Kartoffelsupp, Kartoffelsupp, die ganze Woch' Kartoffelsupp – das hält auf Dauer auch kein Hasenmagen aus. Aber es kommt noch schlimmer: wildbiologische Forschungen haben nämlich ergeben, daß der Hase mitten in der besten Vegetationszeit oft Hunger leidet! Feldraine und Böschungen, die zusätzlich Nahrung boten und mit ihren Heilpflanzen außerdem so etwas wie Wildapotheken waren, gibt es nämlich auch kaum noch. Negativ wirkt sich ebenfalls aus, daß kleine Gehölze und Hecken, die dem Hasen Ruhe und Sicherheit boten, nicht mehr in ausreichender Zahl vorhanden sind. Zusätzlich dezimiert auch der totale Greifvogelschutz den Besatz – und schließlich sind die veränderten klimatischen Verhältnisse mit den oft sehr nassen und kalten Frühjahren und Sommern ein Grund, daß Mümmelmann nicht mehr so zahlreich durch die Fluren hoppelt. Als Folge solcher Witterung macht dem aus zwei bis vier Jungen pro Häsin bestehenden Nachwuchs dann oft die Kokzidiose den Garaus, eine von einem Darmparasiten hervorgerufene typische Hasenkrankheit.

Meister Lampe hat den Menschen tapfer durch die Jahrhunderte begleitet und sich nicht unterkriegen lassen. Angesichts der Vielzahl seiner Feinde verdient das Respekt:

Menschen, Hunde, Wölfe, Lüchse,
Katzen, Marder, Wiesel, Füchse,
Adler, Uhu, Raben, Krähen,
jeder Habicht den wir sehen,
Elstern auch nicht zu vergessen
alles, alles will ihn fressen.

So schnell ergreift das Objekt dieses Reimes das Hasenpanier jedoch nicht. Zunächst bietet Mümmelmann jeder Gefahr mutig die Stirn. Durch seine der Umwelt vorzüglich angepaßte Farbe verschmilzt er oft bis zur Unsichtbarkeit mit der Ackerfurche, in der er sich drückt. Erstaunlicherweise verringert sich sein Puls dabei um die Hälfte der sonst üblichen Schläge, um sprunghaft anzuschnellen, wenn die Flucht unvermeidlich wird. Mit Witz und Schläue versucht er dann doch noch, seinen Balg zu retten. Meistens gelingt es. Der vielfältigen Veränderung seines Lebensraumes aber ist er wehrlos ausgesetzt. Daher muß die bange Frage gestellt werden, ob der Hase in den Kultursteppen der Industrieländer auf Dauer überleben kann.

Fasan

Nach landläufiger Meinung gehört der Fasan zu einer Anzahl meist farbenprächtiger asiatischer Hühnervögel. Die Fama will wissen, daß ihn Jasons Argonauten nebst dem Goldenen Vlies von ihrem Beutezug aus Kolchis mit nach Griechenland brachten. Jedenfalls behauptet das der römische Literat Martial. Hier mag sich zwar Dichtung und Wahrheit vermischen, fest steht dagegen, daß der Fasan seinen Namen dem antiken Fluß Phasis verdankt – und der zog seine Bahn nun mal in der fruchtbaren Anschwemmungsebene im Osten des Schwarzen Meeres, die den alten Griechen als Land Kolchis so sehr ins Auge stach. Dessen ornithologischer Schatz wird in ihrer Sprache daher auch als *ornis phasianos* bezeichnet, was nichts anderes bedeutet als „Vogel aus der Gegend des Flusses Phasis".

Mit dem wohlschmeckenden Wild wußte man in Griechenland jedoch nichts Rechtes anzufangen. Um so größerer Wertschätzung erfreute es sich dagegen bei den Römern, wo es als großer Leckerbissen galt und in Gehegen gehalten und gemästet wurde. Dank des römischen Ausbreitungsbedürfnisses gelangte der Fasan schließlich auch zu uns. Ein Relief im Museum von Trier bezeugt, daß die römischen Okkupanten das als kulinarische Bereicherung anzusehende Mitbringsel im Marschgepäck hatten. In der Folgezeit avancierte der Fasan dann zum Luxusvogel. Bereits an den Meierhöfen Karls des Großen hielt man ihn in Volieren (Gehegen). Später gehörte es für die auf Repräsentation bedachten Herrschenden sozusagen zum guten Ton, auf den Arealen ihrer Residenzen auch Fasanerien zu unterhalten.

Der Fasan wurde jedoch nie ein Haustier, sondern zählte immer zum jagdbaren Wild. Was hierzulande unter dieser Bezeichnung kreucht und fleucht, stellt zum Teil allerdings ein buntes Rassengemisch dar. Zwar kommt der reinblütige Kolchide als „Böhmischer Jagdfasan" immer noch vor – neben ihm existiert aber eine ganze Reihe von Verwandten, wie der *Torquatus, Mongolicus* oder *Tenebrosus*, der um 1920 in einer englischen Fasanerie als fast schwarzblaue Mutante gezüchtet wurde. Eines haben sie jedoch alle gemeinsam: Sie sind hart im Nehmen und passen sich den veränderten Lebensbedingungen relativ gut an. Liebevolle Hege tut trotzdem not, denn für den Fasan gilt in puncto Umweltverhältnisse weitestgehend das gleiche wie für den Hasen.

Zum Schluß soll noch auf etwas anderes, dieser Küchenfibel Dienliches hingewiesen werden. Auf die Sporen an den *Ständern* (Füßen) des Fasans nämlich: je länger sie sind und je mehr Hornringe man an ihnen zählt, desto älter ist der Vogel. Und möglicherweise desto zäher!

Wild- und Hausgeflügel ist auf der nächsten Doppelseite abgebildet: in der Mitte zwei Fasane – darunter die wildlebende Graugans, daneben im schneeweißen Federkleid die Hausgans. Links sieht man von oben nach unten Wachteln, Rebhuhn und Stockenten-Erpel, rechts von oben nach unten Perlhuhn, Truthuhn und Haushuhn.

Von Dreiläufern, Schmalrehen und Hauptschweinen

Wesentlicher Bestandteil jagdlichen Brauchtums ist die Jägersprache. Wie in manch anderen Bereichen werden jedoch auch hier Bezeichnungen verwendet, die für den Laien ein Buch mit sieben Siegeln sind – oder ihn gar zu einer Interpretation verleiten, die völlig falsch ist. Zu welchen Schlußfolgerungen würde wohl ein ahnungsloser Zeitgenosse gelangen, wenn er zufällig Zeuge folgenden Dialogs wäre.

„Gestern habe ich wieder einmal angesessen."

„Hatten Sie Anblick?"

„Ja. Bei bestem Büchsenlicht zog eine Sau durch den vor mir liegenden, lichten Bestand, verhoffte hier und da, um sich Wind zu holen oder zu brechen, so daß ich sie als hauendes Schwein ansprechen konnte. Da habe ich natürlich nicht mehr lange gezögert und sofort fliegen lassen."

„Lag sie im Feuer?"

„Nein – aber sie zeichnete so gut, daß ich mir meiner Sache völlig sicher war. Außerdem floh sie nach ein paar Fluchten einen Baum an."

„Aha – und wie ging es weiter?"

„Naja, nach einer Weile begab ich mich zum Anschuß, wo ich grobe Ausrisse und nach ein paar Metern auch viel und vor allem guten Schweiß fand. Trotzdem wartete ich noch eine halbe Stunde, ehe ich der Fährte folgte. In Sichtweite lag das Stück nämlich nicht."

„Mußte denn eine Nachsuche durchgeführt werden?"

„Gott sei Dank nicht. Da der Schweiß reichlich lag und daher deutlich zu sehen war, konnte ich ja gut folgen und fand den Keiler schließlich verendet hinter einer Überriegelung liegen."

„Waidmannsheil!"

„Waidmannsdank!"

„Wo saß denn der Schuß?"

„Tiefblatt – wo ich bei schwerem Schwarzwild nach Möglichkeit immer abzukommen versuche. Da geht es meistens nicht mehr weit."

„Wenn man schräg hinter den Teller hält, ist es noch besser. Da liegt es im Knall."

„Das ist richtig. Aber Sie wissen ja, daß solche Schüsse sehr riskant sind, weil die tödliche Stelle relativ klein und Schwarzwild außerdem fast immer in Bewegung ist."

„Die jeweilige Entfernung spielt dabei sicherlich auch eine Rolle. Wie schwer war die Sau denn?"

„Aufgebrochen wog sie 118 Kilogramm."

„Donnerwetter! Für ein Revier oder eine Region, in der die Sauen keinem Abschußplan nach dem Muster des Lüneburger Modells unterliegen, ist das ein ordentliches Gewicht."

„Das kann man wohl sagen – denn solche Bassen sind bei uns selten. Da habe ich im wahrsten Sinne des Wortes Schwein behabt."

Kauderwelsch? Jägerlatein? Nichts von alledem – sondern die Schilderung des erfolgreichen Ablaufs einer Jagd.

Der Jäger suchte sich zunächst den geeigneten Platz – wahrscheinlich einen Hochsitz – und wartete dann auf das Erscheinen von Wild: *er saß an*. Die Bezeichnung Wild ist übrigens der Sammelbegriff für alle wildlebenden Tierarten, die dem Jagdrecht unterliegen. Nach einiger Zeit sah der Jäger bei noch gutem Tageslicht ein Wildschwein, das durch den Wald lief, hin und wieder stehen blieb, um die ihm entgegenziehenden oder umwehenden Gerüche hinsichtlich ihrer Beschaffenheit zu prüfen, oder mit seinem Rüssel im Boden nach Nahrung wühlte. Er identifizierte es als einen fünf bis sechs Jahre alten *Keiler*, wie die männliche Form des wilden Vetters unserer Hausschweine in der Waidmannssprache genannt wird. Dann schoß er – *ließ fliegen, machte Dampf* oder *ließ fahren.*

Ohne Zweifel rücken die Hunde hier einem Keiler auf die Schwarte, den man aufgrund seiner Stärke auch als Hauptschwein bezeichnen kann.

79.
78.
80.
75.
76.

Der Keiler war aber nicht auf der Stelle tot, *lag nicht im Feuer* oder *im Knall,* sondern zeigte durch Zusammenzucken lediglich den guten Sitz der Kugel an. Daß er beim Flüchten gegen einen Baum prallte, war für den Jäger ein weiterer Beweis, daß sein Schuß tödlich war. Zu solchen „Zusammenstößen" kann es kommen, wenn die Fluchtmechanismen noch eine kurze Zeit lang funktionieren, das Gehirn aber schon nicht mehr durchblutet wird und der Lauf ins „Leere" geht. Oft schwankt das Wild dabei, ehe es schlagartig zusammenbricht.

Der Schütze ging danach zu der Stelle, an der der Keiler bei der Abgabe des Schusses gestanden hatte. Dort fand er die Abdrücke seiner *Schalen* – wie der branchenspezifische Ausdruck der hornigen Klauen heißt, die den Abschluß der Extremitäten allen Schalenwildes bilden. Beim Aufschlag der Kugel auf den Wildkörper ruckt das beschossene Stück in der Regel zusammen, bevor es flüchtig wird, falls der Schuß es nicht sofort getötet hat. Dabei pressen sich seine Schalen aufgrund der Schreck- und Schockwirkung anfangs tiefer und energischer in den Boden als normalerweise üblich. Durch herausgerissene Erde und Gräser entstehen dann die als Ausrisse bezeichneten Vertiefungen.

Schweiß schließlich bedeutet im Idiom der Jäger nichts anderes als Blut. Guter Schweiß ist die Folge von Herz- oder Lungenschüssen, die das Wild nach kurzer Zeit und wenigen Fluchten verenden lassen. Daher war auch keine Nachsuche mit dem auf solche Fälle spezialisierten Schweißhund nötig. Die *rote Fährte* führte den Jäger dann zum Keiler, der hinter einer Bodenwelle lag, die dem suchenden Auge zunächst keinen Einblick bot.

Mit „Waidmannsheil" können sich die Waidgenossen einen Gruß entbieten, andererseits aber auch ihre Freude am Erfolg eines anderen zum Ausdruck bringen. Im übrigen ist das Wort Waidgenosse ein altehrwürdiger Begriff, der schon verwendet wurde, als die Bezeichnung Genosse in politischen Ideologien noch gar nicht bekannt war.

Das Waidmannsheil galt sicherlich auch dem guten Sitz der Kugel. Der Jäger war *tiefblatt* abgekommen, d. h., daß er im Moment der Schußabgabe auf den unteren Teil des Vorderkörpers der Sau zielte. Dabei visierte er einen Punkt an, der etwa zehn Zentimeter über der Stelle liegt, wo die hintere Seite des Vorderbeins in den Rumpf übergeht. Was aber versteht man nun exakt unter dem Begriff *Blatt?* Anatomisch gesehen, ist damit der schaufelförmige Knochen des Schulterblatts gemeint. In der jagdlichen Terminologie umfaßt das Blatt jedoch die gesamte, die Brusthöhle oder auch Kammer genannte Rippenpartie, hinter der sich mit Herz und Lunge der „Maschinenraum" des Wildkörpers befindet. Der waidgerechte Schuß ist daher immer der Schuß aufs Blatt! Kommt man dabei hoch ab, wird die Lunge getroffen; kommt man tief ab, wird das Herz durchschossen. Die Kugel hinter den *Teller* anzutragen (Teller sind die Ohren des Schwarzwildes), ist aus den schon erwähnten Gründen riskant. Sitzt dieser Schuß jedoch an der richtigen Stelle, dann tötet er schlagartig, weil die Nackenwirbel zerschmettert werden.

Ist das Stück *gestreckt* oder *zur Strecke gekommen,* also geschossen worden, muß es versorgt werden. Darunter versteht man in erster Linie das Entfernen von Herz und Lunge (die in der Jägersprache zusammen mit Leber und Nieren das *Geräusch* bilden) sowie von Magen und Darm (die unter die fachliche Bezeichnung *großes* und *kleines Gescheide* fallen) aus der Brust- bzw. Bauchhöhle, die zu diesem Zweck geöffnet werden müssen. Das wiederum nennt der Jäger *aufbrechen.* Und zwar deshalb, weil zur vollständigen Öffnung auch das *Schloß* durchtrennt werden muß, die knorpelige Verbindung nämlich, die die beiden Beckenknochen zusammenhält. Ist das geschehen, greift man mit beiden Händen in das Schloß und hebt es an, bis die Beckenhälften auseinanderbrechen. Das geschieht immer mit einem deutlich hörbaren Knacks.

Sicherlich kann sich jeder vorstellen, daß dieser Teil des Jagens – man nennt ihn auch die *rote Arbeit* – bei einem Keiler von 118 Kilogramm Gewicht schweißtreibend ist. Sauberes Aufbrechen so schnell wie möglich nach dem Schuß ist aber absolut notwendig, damit das Stück bald richtig ausschweißen und auskühlen kann – was nicht nur hinsichtlich der Wildbrethygiene unerläßlich, sondern auch für die spätere Verwertung in der Küche von Vorteil ist. Das gilt für alles Wild.

Das Lüneburger Modell, um auch noch diesen Begriff zu klären, begünstigt das Heranwachsen solcher urigen Schwarzkittel – die nicht wie das übrige Schalenwild einem Abschußplan unterliegen, sondern innerhalb der von der Jagdgesetzgebung festgelegten Schußzeiten ohne Rücksicht auf die sonst zu beachtenden Kriterien bejagt werden dürfen. Die Ausnahme von dieser Regel bilden selbstverständlich führende Bachen, weibliche Stücke, die Junge haben. Da wird vielerorts natürlich auf fast alles Dampf gemacht, was eine Borste trägt. Bestände mit wirklich starkem Schwarzwild können bei derartig geübter Praxis natürlich nicht heranwachsen. Es sei denn, ein Einzelexemplar entgeht über Jahre hinweg Pulver und Blei und entwikkelt sich zu kapitaler Größe. Um diesem Übel abzuhelfen, sind in Niedersachsen auf freiwilliger Basis Hegegemeinschaften gegründet worden, in denen die Bejagung der Sauen so festgelegt ist, daß nur Stücke unter fünfzig oder mindestens hundert Kilogramm geschossen werden dürfen – wobei in letzterem Fall auch noch das Alter ins Kalkül gezogen werden muß. Von ihnen ist das Lüneburger Modell zusammen mit dem einen oder anderen großen Staatsrevier – in diesem Zusammenhang sei in erster Linie auf den Reinhardswald bei Kassel hingewiesen – richtungweisend für die Hege und Jagd dieses edlen und wehrhaften Wildes. Gerechterweise muß allerdings hinzugefügt werden, daß Wildsauen in landwirtschaftlich intensiv genutzten Gebieten erheblich zu Schaden gehen können, d. h. auf den Feldern der Bauern, in einem Kartoffelacker oder Maisschlag beispielsweise, Verwüstungen anrichten, die im Geldbeutel des Jagdpächters zum Teil empfindliche Lücken verursachen. Eine scharfe Bejagung ist daher notwendig – und nicht überall wird man sich mit Hegemaßnahmen einverstanden erklären, wie sie das Lüneburger Modell empfiehlt. Allerdings sollte sich dann auch niemand wundern, wenn in solchen Revieren keine starken Keiler ihre Fährten ziehen.

Die Interpretation des kurzen Dialogs, der dem Waidmann alles sagte und beim Laien möglicherweise verständnisloses Kopfschütteln auslöste, bedurfte doch ziemlich umfangreicher Erklärungen. Und trotzdem konnten manche Übersetzungen in das Alltagsdeutsch nur skizzenhaft sein. Andere dagegen mußten zur Verdeutlichung von Zusammenhängen weiterführend erläutert werden. Es handelte sich allerdings bei den hier gedeuteten Vokabeln nur um einen Bruchteil des Wortschatzes der Waidmannssprache – die über etwa 6000 verschiedene Wörter verfügt! Dabei werden von Fall zu Fall immer wieder andere Ausdrücke benutzt. Beispielsweise heißen die Ohren beim Reh oder Hirsch *Lauscher*, beim Schwarzwild *Teller*, beim Fuchs *Gehöre* und beim Hasen *Löffel*. Mitunter gibt es auch noch mundartliche Unterschiede. So bezeichnet der Waidmann aus den Alpenregionen das Sinnesorgan, mit dem der Rehbock *vernimmt*, d. h. hört, als *Luser*. Und sein Kopf heißt nicht Kopf oder Haupt, sondern *Grind*.

Diese spezifische Ausdrucksweise ist aus dem Waidwerk nicht mehr wegzudenken. Sie ist über eine lange Zeit hinweg gewachsen und kann bereits in Jagdschriften des 7. und 8. Jahrhunderts nachgewiesen werden. Zu voller Bedeutung gelangte sie aber erst im 15. und 16. Jahrhundert. Im Vergleich zu anderen Zunftsprachen ist die Jägersprache die ausgebildetste und reichhaltigste, die sich darüber hinaus auch noch ständig weiterentwickelt. Jacob Grimm (1785 bis 1863), der Altmeister

Nächste Doppelseite: Wild und Früchte – die ganze Farbenpracht des Herbstes glüht in diesem Stilleben.

der deutschen Sprachwissenschaft, nennt sie poetisch und episch, weil sie eine Fülle von bildhaften Wörtern enthält, mit denen sie viele Begriffe plastisch ausdrückt und darstellt.

Diese Sprache zu beherrschen, sollte jedem Mitglied der grünen Zunft ein echtes Anliegen sein. Hier wird ja nicht das Kauderwelsch eines im Verborgenen existierenden Geheimbundes gesprochen, sondern etwas gepflegt, das von vielen Generationen von Waidmännern entwickelt und an uns überliefert wurde. Wenn ein Jäger einen falschen Terminus technicus benutzt, die Augen eines Stückes Schalenwild nicht *Lichter* nennt oder seine Beine nicht *Läufe,* dann *verblefft* er sich übrigens. In früheren Zeiten bekam er für dieses Vergehen am Jägerlatein, wie die Waidmannssprache von unseren Altvorderen nämlich genannt wurde, nach geltendem Jagdbrauch eine wohlbemessene Anzahl von *Pfunden.* Dabei wurden ihm mit dem Waidblatt, dem großen, breiten Jagdmesser, kräftige Schläge auf die Kehrseite verabreicht. Dazu schrieb Martin Strasser von Kollnitz in seiner im dritten Jahrzehnt des 17. Jahrhunderts entstandenen Handschrift folgendes:

„Wan man ainen Waidmann umb dergleichen Verspröchen wil mit dem Waidmösser strafen, so sol man in lassen zu ainer Pankh, oder zu einem umbgefallenen Paumb, Stockh, Pichele oder Stain niederknien lassen ... ime das Waidmösser zu jeder Erzöllung aines begangenen Fals zümblich empfindlich auf den Arsch schlagen."

Zurück zum Anfang, zu *Dreiläufer, Schmalreh* und *Hauptschwein:* ein Dreiläufer ist ein drei bis vier Monate alter Junghase, ein Schmalreh ein einjähriges Reh, das noch kein Kitz gesetzt hat, und ein Hauptschwein ein alter Basse, sozusagen das Nonplusultra eines Keilers.

Vom Faustkeil zum Feuerrohr: die Jagdwaffen

Am Anfang war der Stein. Mit ihm allein versuchte der Mensch vor undenklichen Zeiten zunächst, Beute zu machen. Geeignete Knochen von Skeletten kamen hinzu, schließlich Holz und Horn – und irgendwann wird es dem langsam erwachenden Geist der ersten Jäger gedämmert sein, daß sich die Wirksamkeit der Geräte durch die Kombination des Materials steigern ließ. Äxte mit Steinschneiden entstanden und Speere mit Knochen- und Hornspitzen. Schlagend, werfend und stoßend ging der Mensch der Frühzeit damit dem Wild zu Leibe. Immer erfinderischer arbeitete sein Verstand – bis eines Tages der erste Pfeil von der Sehne schnellte. Wieder war das Arsenal des Urweltmenschen um eine Waffe reicher. Auch die Jagd selbst erhielt nun eine neue Dimension. Denn mit dem Bogen, den vor 25000 Jahren bereits der Steinzeitjäger spannte, begann die Ära der ferntreffenden Schußwaffen. 500 Jahre vor Christi Geburt war das Gerät schon so weit entwickelt, daß es die langschäftigen Projektile über Hunderte von Metern ins Ziel beförderte. Der Weg, der zu dieser waffentechnischen Leistung führte, war sehr lang. In den 2500 Jahren, die folgten, passiert nun Ungeheures auf dem Gebiet der Konstruktion von immer neuen Schußinstrumenten.

Zunächst nahm der Fortschritt sich jedoch Zeit. Lange noch stellte man dem Wild mit Pfeil und Bogen, Speer und Spieß nach, zu denen sich später das Jagdschwert gesellte. Im 9. Jahrhundert machte dann eine weitere Neuentwicklung von sich reden – die Armbrust nämlich. Viele Jahrhunderte war sie die wichtigste Jagdwaffe, die schließlich so perfektioniert wurde, daß sie längere Zeit auch den mittlerweile auf den Markt gekommenen Feuerrohren überlegen blieb. Das war allerdings auch kein Wunder, denn die erstmals im 14. Jahrhundert verwendeten, mittels einer Lunte gezündeten Waffen waren sehr unzuverlässig. Sie funktionierten sozusagen in Zeitlupe – und manchmal überhaupt nicht. Auch nachfolgende, verbesserte Modelle waren für die Jagd aus den unterschiedlichsten Gründen nicht von allzu großem Nutzen. Im übrigen stand der wohlerzogene Waidmann jener Zeit den Donnerbüchsen ablehnend gegenüber. Der eine oder andere Regierungschef verbot sogar, mit ihnen dem Wild aufzulauern. „Soviel aber das Schießen mit Büchsen auf die Jagd gehend anlangt, wollen wir solches in Dero Landen nicht gestatten", dekretierte 1666 der Kurfürst von Köln. Und einer der Jagdpäpste des Barocks, Hans Friedrich von Flemming, war in seinem Werk „Der vollkommene teutsche Jäger und Fischer" der Meinung, „daß das schädliche Schießpulver allen lebenden, vernünftigen und unvernünftigen Kreaturen zu merklichem Untergang, vermittels des Teufels Eingabe erdacht worden sey. So ist denn derjenige, so mit der Büchse schießet, kein Jäger, sondern ein Schütze zu nennen."

Was hätte der gute Mann wohl gesagt, wenn er die mit allen optischen und ballistischen Raffinessen ausgestatteten Präzisionsgeräte des 20. Jahrhunderts gekannt hätte?

Aber wie dem auch sei – zu seiner Zeit wurde auf das Wild nicht nur gefeuert, sondern auch geblasen. Und zwar mit Hilfe der von dem Physiker Otto von Guericke konstruierten Windbüchse, die über ein beeindruckendes Leistungsvermögen verfügte. Mit ihr konnten Bleikugeln von 10 bis 12 Millimeter Durchmesser verschossen werden, die einen Hirsch aus einer Entfernung von 50 Metern glatt auf die Decke legten. Diese Waffe, aus der 20 bis 30 Schüsse abgegeben werden konnten, ehe ihr mit einer Luftpumpe wieder der nötige Druck verliehen werden mußte, bevorzugte vor allem Landgraf Ludwig VIII. von Hessen, weil er seine Reviere durch den Knall der Pulverbüchse nicht beunruhigen wollte. An den Orten, an denen der

Hier sind Jagdwaffen aus früheren Zeiten abgebildet: links von oben nach unten Sauspieße, Hirschfänger und zerlegbare, für die Wilderei gearbeitete Gewehre aus dem 19. Jahrhundert – unter denen sich auch zwei als Spazierstöcke getarnte „Schießeisen" befinden. Das große Bild zeigt eine Waidpraxe sowie ein aus fünf Teilen bestehendes Waidbesteck.

hohe Herr besonderes Waidmannsheil gehabt hatte, ließ er Tafeln mit Reimen aufstellen, die von seinen jagdlichen Taten kündeten. Unter anderem heißt es da:

Anno 1751 mußte sichs den 12. May wohl fügen
Ludwig VIII. zum Vergnügen
schossen einen weißen Tannenbock
von hier 180 Schritt weit bis an Stock
und zwar mit der Wind-Büchs Macht
auch diesen Bock zu Fall gebracht.

Als Anfang des 19. Jahrhunderts das Perkussionsgewehr erfunden wurde, marschierte die Entwicklung von Jagdfeuerwaffen mit Siebenmeilenstiefeln in die Richtung der heute verwendeten, rasanten Schußinstrumente. Die Neuschöpfung besaß weder eine Pulverpfanne noch einen Feuerstein, die früher die Handhabung von Büchsen so unsicher gemacht hatten, sondern entzündete die Treibladung durch ein Zündhütchen. Dieses saß über dem Pulverraum und kam durch den herunterschnappenden Hahn zur Explosion. Geladen wurden die Gewehre nach wie vor von der Mündung her, und zwar mit dem sogenannten Ladestock. Aus diesem Grund wurden sie auch Vorderlader genannt. Allerdings bastelte man bereits seit dem 15. Jahrhundert daran herum, diesen Vorgang weniger umständlich und zeitraubend zu machen, d. h., Pulver und Kugel von hinten in den Lauf zu befördern. Einem französischen und einem deutschen Büchsenmacher gelang es schließlich, dieses Problem zu lösen. Zunächst konstruierte Casimir Lefaucheux 1834 das erste brauchbare Kipplaufgewehr, dessen Verschlußsystem sich bis heute erhalten hat, dann entwickelte Nikolaus Dreyse aus Sömmerda in Thüringen 1836 ebenfalls einen Hinterlader, der mit der von ihm schon 1827 erdachten Zündnadel versehen war.

Einem Engländer blieb es jedoch vorbehalten, die Gewehre noch funktionstüchtiger zu machen. Denn als der Londoner Büchsenmacher Lancaster 1852 das Zentralfeuersystem erfand, bei dem das Zündhütchen in der Mitte des Patronenbodens sitzt und durch einen Schlagbolzen in Aktion gestzt wird, gewann das Schießen wieder einmal an technischer Perfektion.

Die weitere Entwicklung ist relativ schnell erzählt. Durch das Bestreben, mehrere Schüsse kurz hintereinander ohne vorheriges Wiederladen abgeben zu können, entstand der Repetierer. Für diese Erfindung ist Franz von Dreyse verantwortlich, der damit in die Fußstapfen seines Vaters trat. Gewehre dieses Konstruktionstyps werden heutzutage in allen möglichen Kalibern am häufigsten als Jagdwaffen benutzt. In deren Sortiment ist als leichtere Ausführung aber auch die Kipplaufbüchse noch vertreten – und die Flinte, die größtenteils ebenfalls abkippbare Läufe besitzt, aus denen mit Schrot auf Hase, Fasan oder Kaninchen geschossen wird.

Die Waffen des modernen Nimrods sind wahre Wunder an Präzision und Rasanz. Sie verfeuern Projektile, die in der Sekunde mehr als 1000 Meter weit fliegen und eine durchschnittliche Reichweite von fünf Kilometern haben. Wie überall ist aber auch auf diesem Gebiet menschlicher Erfindungen ein Ende der Entwicklung nicht abzusehen. Zwar scheint der Hinterlader für Patronen mit Zentralfeuersystem auf absehbare Zeit der Weisheit letzter Schluß zu sein – aber schon tüftelt man an elektronischen Zündungen und glatten Läufen, die das Geschoß noch schneller aus dem Rohr und mit noch mehr Wucht ins Ziel bringen sollen.

Die Waidgerechtigkeit

Waidgerechtigkeit – was ist das? Mehr als nur ein Wort! Die ganze Handlungsspanne des Jägers wird von dieser Vokabel umschlossen, die für sein gesamtes Tun Maßstab und Richtschnur ist. Es ist ein Gebot – aber eines ohne Paragraphen. Zwar weist das Bundesjagdgesetz darauf hin, daß bei der Ausübung der Jagd die allgemein anerkannten Grundsätze der deutschen Waidgerechtigkeit zu beachten sind, erläutert diese Forderung aber nicht in ihrem ganzen Umfang. Im Grunde genommen ist das allerdings auch nicht notwendig. Denn waidgerechtes Jagen sollte für jeden, der eine Büchse führt, selbstverständlich sein. Es ist eine sittliche Verpflichtung, die aus dem individuellen Fühlen und der Achtung vor der Natur und ihren Geschöpfen erwachsen muß – und deshalb auch nicht in das Schema von Normen gepreßt werden kann.

Zu den praktischen Pflichten der Waidgerechtigkeit gehört vor allem, das Wild zu hegen, es in Notzeiten zu füttern, nicht unnötig zu stören und zu ängstigen und es so schnell wie möglich von seinen Qualen zu erlösen, wenn es an einer Krankheit leidet oder von einer schlechten Kugel getroffen wurde. Nicht waidgerecht handelt zum Beispiel auch der Jäger, der ungeeignete Waffen und Munition benutzt, verbotene Fallen stellt oder das erlegte Wild nicht sachgerecht versorgt. Der Katalog der geschriebenen und ungeschriebenen Forderungen in Sachen Waidgerechtigkeit ist vielfältig und von respektablem Umfang.

In das Schuldbuch des Waidwerks trägt sich auch ein, wer an der Fütterung schießt und die Kugel nicht im Lauf läßt, wenn der Schnee meterhoch liegt und das Wild vor Hunger alle sonst gezeigte Vorsicht außer acht läßt. Man schießt auch nicht auf einen laufenden Fasan, den bei der Treibjagd sich *drückenden* Hasen oder die auf dem Boden nach *Äsung* suchende Taube – und man schießt vor allem nicht auf zu weite Entfernung. Bei diesem Aspekt der Waidgerechtigkeit sollte immer der Grundsatz herrschen, daß die Möglichkeit des Treffens sowie die gute Wirkung des Schusses mit der zu überbrückenden Distanz im Einklang stehen. In diesem Zusammenhang stellt sich auch die Frage, ob es waidgerecht ist, im Gebirge auf Gams über mehr als 300 Meter sozusagen von Berg zu Berg zu schießen. Jedes Tier besitzt nämlich eine artspezifische Fluchtdistanz. Darunter versteht man den Abstand, von dem ab es keine weitere Annäherung eines vermeintlichen Gegners oder Feindes mehr duldet, sondern die Flucht ergreift. Außerhalb dieser unter Umständen lebensbedrohenden Zone fühlt es sich dann geschützt. Mit seinen optischen und ballistischen Präzisionsinstrumenten kann der Jäger aber auch diesen Kreis durchbrechen und naturgewollte Regeln und Verhaltensweisen des Wildes verletzen. Wobei der Autor dieser Kapitel gesteht, daß er sich in diesem Sinne auch schon schuldig gemacht hat.

Das Ethos der Jäger ist übrigens keine Erfindung unserer Tage. Bereits vor mehr als 450 Jahren trat Kaiser Maximilian I. für die Hege und den Schutz des Wildes ein. In seinen Büchern setzte er als erster gültige Maßstäbe für jagdliche Ethik und war damit seiner Zeit weit voraus. Später verstand man unter Waidgerechtigkeit in erster Linie die ohne Fehl und Tadel ausgeübte Kunst des Jagens. Im Barock durfte sich nur der Jäger als *gerecht* bezeichnen, der alle Praktiken und Bräuche des Waidwerks perfekt beherrschte. Den größten Wert legte man dabei auf die hirschgerechte Ausbildung.

Der Träger dieses Prädikats mußte aus der Fährte nicht nur das Alter, Geschlecht und Gewicht sowie die Beschaffenheit des Geweihs, das Aussehen und den Einstand des Hirsches bestimmen können, er mußte auch imstande sein, ihn mit dem Hund am Riemen aufzuspüren und so in Gang zu bringen, daß er zu einer bestimmten Zeit an einem bestimmten Stand vorüberwechselte. Mehr noch: während dieser waidmännischen Filigranarbeit durfte der

Hirsch nicht sonderlich beunruhigt werden! Hirschgerecht – das war damals die hohe Schule des Waidwerks.

Wer sie erlernen wollte, mußte drei Jahre in die Lehre gehen, bevor er *wehrhaft* gemacht wurde, d. h. den Hirschfänger und ein Dokument als Zeichen der abgeschlossenen Ausbildung erhielt. Die Lehrjahre hießen im jagdlichen Idiom jener Epoche übrigens *Behänge*. Im ersten Behang wurde der Jägerjunge auch *Hundejunge* genannt, weil seine Tätigkeit in erster Linie in der Pflege und Fütterung der vierbeinigen Jagdhelfer bestand. Vor allem die Leithunde waren seiner Obhut anvertraut. Durch diese Tätigkeit wurde der Auszubildende *hundgerecht*. Im zweiten Jahr hieß er Lehrbursche und durfte nun bereits das Jagdhorn tragen. Jetzt brachte ihm sein Lehrherr, der sogenannte *Lehrprinz*, auch alle jagdlichen Dinge bei, wodurch er hirschgerecht wurde. Aber auch die Forstkunde mußte er pauken, damit er sich als *holzgerecht* bezeichnen durfte. Und schließlich galt es auch, sich im Schießen zu üben, damit man *schußgerecht* wurde. Im letzten Jahr der Ausbildung wurde der Lehrling zum Jägerburschen befördert und nach Beendigung der drei Behänge wehrhaft gemacht. Das geschah durch eine feierliche Zeremonie, der sich ein zünftiger Festschmaus anschloß. Daß dabei auch fleißig pokuliert wurde, braucht wohl nicht extra erwähnt zu werden. Im übrigen berichten die zeitgenössischen Chronisten übereinstimmend, daß derartige Feste „gemeiniglich" bis zum nächsten Morgen dauerten – mitunter sogar mehrere Tage.

Manche dieser Berufsjäger gelangten zu großem Ruf und wurden im wahrsten Sinne des Wortes als Jägermeister tituliert. Sie waren Koryphäen eines geehrten Standes, die nicht selten mit eigenem Troß durch die Lande zogen und hocharistokratischen Jagdherren ihr virtuoses Können vorführten – wobei sie als Gegenleistung meistens ein fürstliches Entgelt kassierten. Das ist heute freilich anders. Zwar gibt es auch jetzt noch Berufsjäger, die im alten Sinne hirschgerecht sind und sich in puncto Könnerschaft durchaus mit den Kollegen in Dreispitz, betreßtem Schoßrock und kniehohen Gamaschen messen können; längst vorbei aber sind die Tage, in denen das Waidwerk zur Kunst erhoben wurde und als Teil der Kultur eines lebensfrohen und prunkliebenden Zeitalters höchstes Ansehen genoß. Geblieben sind jedoch Sitten und Gebräuche, unter denen die Waidgerechtigkeit in altem wie in neuem Sinne an erster Stelle steht.

Bei dieser Jagd ging es nicht mit rechten Dingen zu: zwei Wilderer haben einen Rehbock erlegt und müssen nun befürchten, auf frischer Tat ertappt zu werden. Jagdfrevel solcher Art gibt es leider auch heute noch. Wer sie begeht, macht sich allerdings keiner Kavaliersdelikte schuldig, sondern vollzieht aus vielerlei Gründen ungesetzliche Handlungen.
In früheren Jahrhunderten, vor allem im 18. Jahrhundert, wurde das Wilderer-Unwesen romantisiert. Bekannte „Raubschützen" wie Georg Jennerwein, der am 6. November 1877 am Peißenberg von einem Aufsichtsjäger erschossen wurde, standen beim Volk in hohem Ansehen. Daran hat sich bis heute nichts geändert: auf das Grab Jennerweins in Westenhofen am Schliersee wurde am Todestag des Wilderers vor einiger Zeit ein Gams niedergelegt – der natürlich gewildert worden war.

Geweihe, Grandeln und andere Gebilde

Der Brockhaus deutet den Begriff Trophäe kurz und bündig als „Siegeszeichen". Diese Definition wird dem allgemeinen Sinn der Vokabel ohne weiteres gerecht, entbehrt aber jeglichen Anreizes, den Faden weiter zu spinnen – was allerdings auch nicht die Aufgabe einer Enzyklopädie ist. Nun beflügelt das Wort Trophäe den Waidmann jedoch in besonderem Maße. Denn davon hat er ganz konkrete, in bezug auf das jeweilige Exemplar individuell aber mehr oder weniger stark ausgeprägte Vorstellungen. Doch egal, von welcher Form und welchen Maßen es ist – es wird darüber sinniert, philosophiert und vor allem gesprochen. Und zwar nicht selten mit jenem Glanz in den Augen, den nur die leidenschaftliche Liebe zu einer besonderen Sache zu wecken vermag.

Die leidenschaftlich geliebte Sache ist die Jagd an sich. Das, was eine erfolgreiche Jagd auch nach vielen Jahren noch in jeder Einzelheit wieder heraufbeschwört, ist als leibhaftiger Gegenstand, den man in den Händen halten und befühlen oder mit den Blicken betasten und begutachten kann, die Trophäe: beispielsweise das Geweih des Hirsches oder das Gehörn des Rehbocks, die Krucken der Gams oder die Schnecken des Widders. Welche Dimensionen das Gebilde aus phosphorsaurem Kalk oder horniger Substanz in Höhe und Umfang präsentiert, ist im Grunde genommen nebensächlich – obwohl zugegeben werden muß, daß vor allem starke oder kapitale Trophäen die Blicke auf sich ziehen. Dabei sind sie nicht selten am leichtesten erbeutet worden. Auch mit dem Können des Jägers sind sie nicht immer in Einklang zu bringen. Überhaupt sieht man keiner an, wie sie dem Waidmann zu eigen geworden ist. Aber jede hat ihre Geschichte. Auch die unscheinbaren – und oft gerade die. Wenn der Schreiber dieser Zeilen auf seine Trophäenwand blickt, dann gaukelt mit einem der geringsten seiner Rehgehörne die Erinnerung an

Ganz links: Das Geweih des Riesenhirsches, der in früheren Erdzeitaltern seine Fährte zog und auch in Deutschland weit verbreitet war, wiegt etwa 45 Kilogramm.
Links: Bis zum Ende des 16. Jahrhunderts waren Geweihe als Trophäen weder begehrt noch geachtet. Erst seit dem 17. Jahrhundert erfreuen sie sich als „Siegeszeichen" besonderer Wertschätzung. Aus der Barockzeit stammt die heute nicht mehr übliche Methode, kapitale Geweihe, Kruken oder Gehörne auf geschnitzten Häuptern von Hirsch, Gams oder Rehbock zu befestigen.

einen zauberhaften Herbstmorgen durch die Gedanken. Die Buchenwälder flammten und lohten in allen Stufen von Rot und Gelb, in die sich das Immergrün der Fichtenbestände mischte. Der Himmel war wie mit blauer Seide überzogen, und die Luft duftete frisch, klar und herb. Und Stille war – die dann der Schuß zerriß. Nievergessene Bilder sind es, die der schweifende Blick über Gesproß und Gezack aneinanderreiht. Mitunter macht er aber auch nachdenklich. Denn nicht immer war alles eitel Glück. Da gilt es zum Beispiel jene schlechte Kugel nicht zu vergessen, die dem Bock den Schlund zerriß und tagelangem Martyrium auslieferte, weil der Hund auf der Fährte *faselte* (unsicher herumsuchte) und das Stück nicht stellen konnte.

Leider hat unsere oberflächliche Zeit, in der alles etwas hermachen muß, wenn es sich besonderer Wertschätzung erfreuen soll, zu einem wahren Trophäenfimmel geführt. Doch halt: die Jäger selbst sind daran nicht schuldlos. Seit mehr als fünfzig Jahren wird nämlich schon gemessen, gewogen und gewertet – und sogar die Wasserverdrängung herangezogen, um zu genauen Punktzahlen zu kommen. Schließlich gibt es für die Trophäe jeder Wildart eine Formel, die alle mit dem Zentimetermaß ermittelten Zahlen ins rechte Verhältnis setzt. Auch für die Ausmessung der Bälge und Decken von Wildkatze, Luchs, Wolf und Bär sind genaue mathematische Anweisungen erarbeitet worden. Meistens lohnt es freilich nicht, sie anzuwenden – weil wirklich starke Trophäen immer rar waren und immer rar bleiben werden. Trotzdem ist es legitim, möglichst *knuffige* Gehörne und endenreiche Geweihe heranhegen zu wollen. Denn als Produkte eines Überschusses von Säften und Kräften spiegeln sie den Gesundheitszustand und die Vitalität des Wildes wider. Wenn das Trachten nach solchen Trophäen allerdings zum Selbstzweck wird, artet die Jagd zum Knochenfetischismus aus, bei dem der Sinn des Waidwerks verlorengeht. Außergewöhnliches reizte den Menschen, ganz gleich auf welchem Gebiet, jedoch schon immer. In unserem Fall schoß man früher dem Hirsch schon mal mit Schrot auf das sprossende Bastgeweih, das sich aufgrund dieses massiven Eingriffs zu der gewünschten bizarren Form entwickelte. Aber auch die Natur selbst bringt so etwas zustande. Sei es nun mit oder ohne äußere Einwirkung. Manches abnorm verwinkelte Gehörn entsteht beispielsweise dadurch, daß sein Träger allzu innige Bekanntschaft mit dem Stacheldraht machte, der in freier Natur vielerorts die Wechsel und Äsungsplätze des Wildes abriegelt.

Das Erbgut, die Güte des Nahrungsangebotes und die allgemeinen Umweltverhältnisse sind für die Entwicklung von Geweih, Gehörn, Krucke oder Schnecke die maßgeblichen Faktoren. Dabei kann man generell sagen, daß die Häufigkeit starker Trophäen bei den zwei erstgenannten Beispielen um so mehr zunimmt, je weiter die Wuchsgebiete im Osten liegen. Auch ihr Durchschnitt ist dort von anderer Güte als hierzulande. Was Wunder, daß die CSSR, Ungarn, Polen, Jugoslawien und Bulgarien auf einen florierenden Jagdtourismus verweisen können. Jahr für Jahr kommen aus diesen Ländern hochkapitale Trophäen, unter denen sich hin und wieder auch ein neuer Weltrekord befindet – denn selbstverständlich ist die Punkterei auf die Spitze getrieben worden. Natürlich kostet das alles viel Geld. Zigtausend Mark müssen da unter Umständen für ein „Siegeszeichen" berappt werden. Aber freuen wir uns an den eigenen! Das Sammeln solcher Beweisstücke ist ja eine uralte Manie der jagenden Menschheit. Folgt man den diesbezüglichen Spuren in die Vergangenheit, dann führen sie bis in die Jungsteinzeit. Aus dieser Menschheitsepoche stammt ein Fund von 300 gelochten Eckzähnen aus den Oberkiefern von Rotwild, der in der Ofnethöhle bei Nördlingen gemacht wurde. Der Jäger nennt diese dentalen Partikel *Grandeln* und läßt sie noch heute zu Schmuck verarbeiten. Trophäen hängen also nicht nur in Form des Kopfschmuckes von Hirsch oder Rehbock an der Wand, sondern werden auch als Krawattennadeln oder Manschettenknöpfe am Hemd getragen. Für diese Miniaturen unter den Siegeszeichen ist bis jetzt übrigens noch keine Formel gefunden worden! Dabei wird es sicherlich auch bleiben, denn wirklich entscheidend für den Wert einer Trophäe ist nur der Geist, in dem sie erbeutet wurde.

Bereits die Menschen der Steinzeit schmückten sich mit den tropfenförmigen Eckzähnen von Ren und Hirsch, die der Jäger Grandeln nennt. Das wertvollste Geschmeide dieser Art trug einst die letzte deutsche Kaiserin Auguste Viktoria. Es besteht aus besonders schönen Stücken dieser dentalen Partikel und ist heute im Deutschen Jagdmuseum in München zu bewundern.

Fumet

(Wild- und Geflügelfond)

500 g zerkleinerte Knochen, Sehnen, Haut und Reste vom jeweiligen Wild- und Geflügelfleisch mit etwas Öl in eine große flache Kasserolle geben. Im vorgeheizten Backofen bei 200–220 °C je nach Verwendungszweck des Fumets hell oder dunkler bräunen. Nach etwa 20 Minuten prüfen, ob die gewünschte Farbe erreicht ist. Dann etwa 250 g Röstgemüse in Würfeln (Sellerie, Karotte, Zwiebeln) zufügen und etwa 5 Minuten mitbräunen. Anschließend die Kasserolle auf den Herd stellen, nach und nach mit ½ Liter Weißwein ablöschen und die Flüssigkeit einkochen lassen. Wenn der Wein verbraucht ist, ½ Liter fettfreie Fleischbrühe oder Wasser und 1 Lorbeerblatt, 1 Nelke, 2 gestoßene Pfefferkörner und bei Wildfumet zusätzlich 2–3 zerdrückte Wacholderbeeren hinzufügen. Weitere 45 Minuten köcheln lassen, dann durch ein Haarsieb passieren und den Fumet entfetten.

Ente in Pomeranzensauce

Für welche Art der Zubereitung dieses bereits seit alters her geschätzten Geflügels man sich auch entscheidet – geboten wird immer eine Gaumenfreude besonderer Art!

1 junge Ente (küchenfertig), Salz, Pfeffer, Butter und Öl zum Anbraten, 1 Liter Orangensaft, Gemüsewürfel (Sellerie, Karotte, Zwiebel), 2 ungespritzte Orangen, 100 g Zucker, 50 g Butter, 1 Vanilleschote, 4 cl Cointreau, 4 cl Grand Marnier

Die küchenfertige Ente mit Salz und Pfeffer einreiben, in einer flachen Kasserolle in Butter und Öl von allen Seiten goldbraun anbraten. Im vorgeheizten Backofen etwa 50–70 Minuten bei 180°C garen. Die Ente während des Garens immer wieder mit Orangensaft begießen. Nach etwa 30 Minuten das Röstgemüse zugeben. Wenn das Fleisch beim Einstechen mit einer Gabel leicht abfällt, ist es gar (Gabeltest). Dann die Ente herausnehmen und warmstellen. Den Bratsatz mit dem restlichen Orangensaft auffüllen, aufkochen und durch ein Haarsieb passieren. Die Orangenschalen in feine Streifen schneiden und die Hälfte davon zur Sauce geben. Die Sauce kräftig einkochen, bis die Flüssigkeit sirupartig geworden ist. Den Zucker karamelisieren, die kalte Butter zufügen, mit der Sauce auffüllen und mit der aus der Schote gekratzten Vanille, mit Cointreau und Grand Marnier abschmecken. Die Orangen filieren. Etwas Sauce auf eine Platte gießen, die Ente darauflegen, mit den Orangenfilets und den restlichen Orangenschalen garnieren und am Tisch tranchieren. Dazu Schupfnudeln servieren.

Entenbrustfilet

Enten lassen sich je nach Wahl der Zutaten – ob einheimisch, ob exotisch – immer wieder geschmacklich variieren. Der Clou dieses Gerichts liegt aber in der raffinierten Einfachheit, die den zarten Geschmack der Entenbrüstchen besonders gut zur Geltung bringt.

4 Entenbrüstchen, Salz, Pfeffer, Butter und Öl zum Anbraten, 2 Eßlöffel Crème fraîche

Die Entenbrüstchen salzen und pfeffern, in Butter und Öl anbraten und bei 220–250°C etwa 15 Minuten in einer Kasserolle im vorgeheizten Backofen rosa braten. Herausnehmen, 5 Minuten auf der geöffneten Ofentür warmhalten und ruhen lassen. Dann die Brüstchen in lange, dünne Scheiben schneiden und auf den mit Crème fraîche gebundenen und kurz erhitzten Bratsatz legen, eventuell mit Salz und Pfeffer nochmals abschmecken.

Junge Erbsenschoten schmecken sehr gut zu dieser Vorspeise.

Entenkeule

Die Keulen können auch in Gänsefett aufbewahrt und kalt als Vorspeise serviert werden. In diesem Fall vor dem Servieren das Fett sorgfältig entfernen, die Keulen auslösen und tranchieren.

4 Entenkeulen, 1/2 Knoblauchzehe,
Salz, Pfeffer, Muskat, 1 großes Lorbeerblatt,
1 kleines Bund Thymian,
600–800 g Gänsefett, Butter und Öl
zum Braten

Die vorbereiteten Entenkeulen mit Knoblauch einreiben, mit Salz, Pfeffer und Muskat würzen und mit dem gestoßenen Lorbeerblatt und den Thymianblättchen gleichmäßig bestreuen. Über Nacht in den Kühlschrank stellen.

Die Keulen in eine Kasserolle geben, mit Gänsefett bedecken und langsam bei 150–160°C im vorgeheizten Backofen etwa 90 Minuten garen, bis die Keulen weich sind (Gabeltest). Herausnehmen, in Butter und Öl von allen Seiten knusprig braten und mit Salaten servieren. Mit Thymian garnieren.

Enten-Mousse

Falls keine Entenleber erhältlich sein sollte, kann sie durch Hühnerleber ersetzt werden.

1/2 gebratene Ente, 100 g Entenleber, Butter und Öl zum Anbraten, 1 cl weißer Portwein, 1 cl Armagnac, Salz, Pfeffer, 1/4 Liter Entenfumet oder Geflügelbrühe, 1 Blatt Gelatine, 40 g geklärte Butter, 1/4 Liter süße Sahne

Die Ente enthäuten und von den Knochen befreien. Die Entenleber in Butter und Öl kurz anbraten. Das Entenfleisch und die Entenleber durch die feine Scheibe des Fleischwolfs drehen. Diese Masse durch ein Haarsieb streichen, mit Portwein, Armagnac, Salz und Pfeffer abschmecken.

Die Gelatine in Wasser einweichen und gut ausdrücken. Die Entenbrühe erhitzen, die Gelatine zufügen und auflösen. Zum Schluß die geklärte Butter unterziehen. Die Mousse leicht abkühlen lassen, die geschlagene Sahne unterheben und in eine passende Schüssel füllen. 4–5 Stunden kaltstellen, dann mit einem nassen Löffel eiförmig portionieren. Mit Toast und Butter eine köstliche Vorspeise!

SUPERIOR
MEDALHAS
EM OURO
BERLIM 1888
LISBOA 1888
PARIS 1889
CHICAGO 1893
ROYAL
PORTO

Entenstopfleber auf Vinaigrette

Der wohl genialste Schöpfer kulinarischer Meisterwerke stammte aus Frankreich, dem Land, in dem sich Stopflebern der größten Beliebtheit erfreuen. Wir sprechen von François Vatel. Er nahm seine Aufgaben als Küchenchef so ernst, daß er sich das Leben nahm, als ihm einmal ein Galadiner nicht wie gewünscht zu gelingen schien. Eine Stopfleber allerdings war damals nicht im Spiel!

1 kleine Entenstopfleber (etwa 400 g), Salz, Pfeffer, Butter zum Anbraten.
Für die Vinaigrette: 2 Eßlöffel Weinessig, 1 Schalotte, 2 Eßlöffel Nußöl, 1 kleines Bund Kräuter (Schnittlauch, Fenchel, Petersilie).
Zum Garnieren: frische Kräuter (z. B. Basilikum, Estragon, Pimpinelle)

Die Entenleber von Nerven und sichtbaren Blutgefäßen befreien. Anschließend in 1,5 cm dicke Scheiben schneiden, mit Salz und Pfeffer würzen und in Butter braten. Den Weinessig zusammen mit der in feine Würfel geschnittenen Schalotte in einem Töpfchen kurz erhitzen, das Nußöl zugeben und beiseite stellen. Dann die gehackten Kräuter hinzufügen. Die Vinaigrette in die Tellermitte geben, darauf die Entenleberscheiben legen. Das Ganze mit frischen Kräutern hübsch garnieren. Mit Brioches servieren.

Gebratener Fasan

Voltaire, der große französische Schriftsteller und Philosoph des 18. Jahrhunderts, sagte über den Vogel vom Fluß Phasis, daß er „ein Braten für Götter" sei. Und der Volksmund ist der Meinung, daß man ihn Engeln auftischen könnte, wenn es sie auf Erden gäbe. Bei festlichen Anlässen zählt dieses Geflügel daher schon seit eh und je zu den Delikatessen des Menüs oder Diners. Die Wahrscheinlichkeit, frische Fasane in die Küche zu bekommen, ist in der Jagdzeit vom 1. Oktober bis zum 15. Januar am größten. Beim Einkauf ist darauf zu achten, daß Sie junge Exemplare erstehen. Man erkennt sie an den schwach ausgebildeten stumpfen Sporen und den biegsamen Brustknochen.

2 bratfertige Fasane, Salz, Pfeffer, etwas Öl zum Braten, 1/8 Liter Wasser, 1/2 Liter Holundersaft, 1/4 Liter süße Sahne, 80 g Butter, 1 Teelöffel Ahornsirup, 1 Eßlöffel Holunderbeeren

Die bratfertigen Fasane salzen und pfeffern, in Öl in einer Kasserolle bei 220°C etwa 20–25 Minuten rosa braten, dabei mehrmals mit Wasser begießen. Herausnehmen und warmstellen. Den Bratsatz mit Holunderbeersaft auffüllen, etwa 10 Minuten einkochen lassen. Dann die Sahne hinzufügen, wiederum kurz einkochen lassen. Anschließend durch ein Haarsieb passieren, in den Mixer geben und die kalte Butter unterarbeiten. Mit Ahornsirup abschmecken und die Holunderbeeren hinzufügen. Die Sauce nochmals kurz erhitzen. Die Fasane in Portionen zerteilen (pro Person je eine Keule und eine Brust) und die heiße Sauce angießen. Dazu gekochte Kartoffelklöße oder Schupfnudeln reichen.

Fasanenbrüstchen auf Holundersauce

Die Blüten und Früchte des Holunderbaums helfen nicht nur allerlei Wehwehchen zu kurieren; die schwarzen, süßsauren Beeren werden auch zu Saft, Suppe und feinen Saucen verarbeitet.

4 junge Fasanenbrüstchen ohne Knochen (etwa 600–700 g), Salz, weißer Pfeffer, Butter und Öl zum Anbraten, Thymianblättchen, 4 zerdrückte Wacholderbeeren, 1/8 Liter Geflügelbrühe, 1/4 Liter Holunderbeersaft, 1 Prise Zucker, 1/4 Liter süße Sahne, 50 g Butter, 1 Eßlöffel Holunderbeeren

Die ausgelösten und entsehnten Fasanenbrüstchen salzen und pfeffern, die Sehnenstücke aufbewahren. Brüstchen in Butter und Öl mit den Thymianblättchen, zerdrückten Wacholderbeeren und den abgeschnittenen Sehnenstücken im Bräter rosa braten (pro Brustseite etwa 1–2 Minuten). Die Brüstchen herausnehmen und warmstellen. Den Bratsatz mit der Geflügelbrühe ablöschen und durch ein Sieb passieren. Den Holunderbeersaft und eine Prise Zucker hinzufügen, die Flüssigkeit auf die Hälfte einkochen. Dann die Sahne einrühren, nochmals kurz einkochen, alles in den Mixer geben und mit der kalten Butter durchrühren. Aufkochen, abschmecken und die Holunderbeeren hinzugeben. Etwas Sauce auf die Teller gießen und die warmgestellten Brüstchen darauflegen. Als Beilage empfehlen wir Kartoffelbällchen.

Fasanenessenz mit Klößchen

Vor der Zubereitung sollte der Fasan im Federkleid mindestens vier Tage luftig abhängen, weil er erst dann sein volles Aroma entfaltet.

1 küchenfertiger Fasan. Für die Klößchen: Fleisch der Fasanenbrüstchen, 25 g Kalbfleisch, 10 g Schweinefleisch, 2 Eiswürfel, 1/8 Liter Sahne, Salz, 1 cl Wacholderbeerschnaps. Für die Essenz: Butter und Öl, Gemüsewürfel (Sellerie, Zwiebel, Karotten), 1/4 Liter trockener Weißwein, 1/2 Liter Wasser, 5 Wacholderbeeren, 3 schwarze Pfefferkörner, 1/2 Lorbeerblatt, 2 Eiweiß, 1 Prise Salz

Die Fasanenbrüstchen auslösen und enthäuten. Brustfleisch und übriges Fleisch für die Klößchen durch die feine Scheibe des Fleischwolfs drehen. Mit den anderen Zutaten im Mixer kurz vermengen, durch ein Haarsieb streichen. Mit einem Teelöffel Klößchen formen und in Wasser 5 Minuten garen. Den übrigen Fasan in etwa walnußgroße Stücke teilen, 5–10 Minuten in Öl und Butter im vorgeheizten Backofen bei 200–220° C bräunen. Nach 3–5 Minuten das gewürfelte Gemüse hinzufügen, ebenfalls bräunen. Mit Weißwein ablöschen und mit Wasser auffüllen. Die Gewürze zerdrückt bzw. gestoßen hinzufügen. Alles 30–40 Minuten auf dem Herd köcheln lassen. Dann durch ein Haarsieb passieren, die Brühe abkühlen lassen. Die Eiweiß verquirlen und mit der Brühe übergießen, nachdem das Fett abgeschöpft ist. Erhitzen, aber nicht kochen, damit die Brühe ganz klar wird. Durch ein Haarsieb passieren. Anschließend die Brühe langsam einkochen, bis etwa 1/2 Liter Essenz übrig bleibt. Mit Salz abschmecken und über die angerichteten, kurz noch einmal erhitzten Klößchen geben.

Frischlingskotelett

Die ältesten überlieferten Zubereitungsarten für das Fleisch vom wilden Schwein stammen aus dem antiken Rom. Im Kochbuch des berühmten römischen Feinschmeckers Marcus Gavius Apicius, der Anfang des 1. Jahrhunderts nach Christus lebte und schlemmte, sind allein zehn Wildschwein-Rezepte bekannt – zum Teil mit abenteuerlich klingenden Gewürzen und Zutaten.

1 kg Frischlingsknochen, 2 Eßlöffel Öl, Gemüsewürfel (Sellerie, Karotte, Zwiebel), 1 Teelöffel Tomatenmark, 1/2 Liter Rotwein, 1/2 Liter Wasser, 1 Lorbeerblatt, 1 Nelke, 6 zerdrückte Wacholderbeeren, schwarzer, frisch gemahlener Pfeffer, 1 Eßlöffel Preiselbeeren, 80 g Butter, 200 g entsteinte Sauerkirschen, 50 g grüne Pfefferkörner, etwas Zucker, 1 Prise Salz, 8 Frischlingskoteletts à 120 g, Butter und Öl zum Anbraten

Die zerkleinerten Knochen in Öl scharf anbraten. Röstgemüse und Tomatenmark zufügen. Etwa 15–20 Minuten bei 250° C im vorgeheizten Ofen braten, bis eine schöne braune Farbe entsteht. Immer wieder eßlöffelweise mit etwas Rotwein ablöschen. Mit restlichem Wein und Wasser auffüllen, die Gewürze und Preiselbeeren hinzufügen. 30–40 Minuten auf dem Herd kochen, danach durch ein Sieb passieren. Die Sauce nochmals etwa 10 Minuten kochen lassen, bis sie sämig wird. Die kalte Butter unterschlagen, die Sauerkirschen, den grünen Pfeffer und den Zucker zugeben, mit Salz abschmecken. Nicht mehr kochen lassen, warmstellen. Die Koteletts salzen und pfeffern, in Butter und Öl auf beiden Seiten braten, anrichten und die Sauce an die Koteletts gießen. Dazu Kartoffelcrêpes servieren.

Frischlingsrücken mit Pflaumen

Fleisch von jungen Wildtieren ist immer besonders zart und dementsprechend schmackhaft. Frischlinge sind noch kein Jahr alte Wildschweine mit einem durchschnittlichen Gewicht von 25 Kilogramm. Kulinarisch werden Rücken und Keulen bevorzugt, wenn auch einst der Kopf des Wildschweines in England in Mode kam. Abgesengt, ausgebeint und mit einer Füllung versehen, kochte man ihn in eine Serviette gewickelt in einem Weinsud.

1,2 kg Frischlingsfilet, Salz, Pfeffer, Butter und Öl zum Anbraten, 4 cl Zwetschgenwasser, 1/4 Liter Frischlingsbrühe (siehe S. 50/51), 8 Eßlöffel süße Sahne, 12 Pflaumen, 1/4 Liter roter Portwein, 1 Zimtstange

Die Frischlingsfilets von Knochen und Sehnen lösen, würzen, in Butter und Öl in einer Kasserolle anbraten und etwa 15 Minuten bei 220–250°C im vorgeheizten Backofen garen, bis das Fleisch rosafarben ist. Das Fleisch anschließend warmstellen. Den Bratsatz mit Zwetschgenwasser ablöschen, mit Frischlingsbrühe auffüllen und stark einkochen lassen. Nun die Sahne hinzufügen, alles durch ein Haarsieb passieren, mit Salz und Pfeffer nachwürzen. Aus den Pflaumen schöne Blütensterne schneiden und in rotem Portwein mit der zugegebenen Zimtstange einmal aufkochen lassen. Je drei Pflaumenblüten an den Tellerrand legen. Ein wenig Sauce in die Tellermitte gießen, die schräg durchgeschnittenen Frischlingsfilets daranlegen. Dazu Spätzle vom Brett servieren.

Frühlingssalat mit Hähnchenbrust

Jedermann kennt sie, die Gänseblümchen – wer aber weiß, daß sie auch in der Küche Verwendung finden können? Gänseblümchen eignen sich vor allem für die Zubereitung von Salaten und Suppen, wobei dem Salat aus Blütenblättern blutreinigende Wirkung zugesprochen wird.
Ein Grund mehr, ihr nußähnliches Aroma zu versuchen.

Für die Marinade: 1 Eßlöffel Obstessig, 2 Eßlöffel Öl, Salz, Pfeffer.
Für den Salat: 4 Hähnchenbrüstchen, Butter und Öl zum Anbraten, 200 g grüner Salat, 100 g Löwenzahn, 50 g Sauerampfer, 100 g wilder Schnittlauch.
Zum Ablöschen: etwas Essig.
Für die Garnitur: 20 Gänseblümchen

Aus Essig, Öl, Salz und Pfeffer eine Marinade zubereiten. Die Hähnchenbrüstchen salzen und pfeffern, in Butter und Öl zartrosa braten. Salat, Löwenzahn, Sauerampfer und Schnittlauch vorsichtig mit der Marinade mischen und auf große Teller verteilen. Die fertigen Brüstchen in 3–4 Tranchen schneiden und an den Salat legen. Den entfetteten Bratsatz mit etwas Essig ablöschen, kurz in einem Pfännchen separat erhitzen und auf den Salat geben. Zum Schluß die gewaschenen Gänseblümchen an den Salat legen.

Gamsnüßchen

Im sprachlichen Bereich hat *der* Gams – der seinen Namen von den Rätoromanen erhielt, bei denen er Camox hieß, woraus die Tiroler dann den Gamiza machten – für einige Verwirrung gesorgt. Grammatikalisch ist er nämlich stets männlich. Sagt man *die* Gams, ist immer die Mehrzahl gemeint.

1–1,2 kg Gamskeule, Öl zum Anbraten,
1 Liter Wasser, Salz, Pfeffer, 80 g Butter,
2 Eßlöffel Öl, 1/8 Liter Rotwein,
3 Eßlöffel süße Sahne, 60 g Butter

Die Gamskeule auslösen, Fleischstücke von Sehnen und Fett befreien und in 1 cm starke Scheiben schneiden. Knochen, Sehnen und Reststückchen vom Fleisch in Öl kurz anbraten, mit Wasser auffüllen und eine Brühe kochen, dabei die Flüssigkeit auf die Hälfte reduzieren. Die Fleischscheiben salzen und pfeffern, in Öl und Butter auf jeder Seite rund 2 Minuten rosa braten und warmstellen. Den Bratsatz mit dem Rotwein ablöschen und mit der Brühe auffüllen. Nochmals auf die Hälfte reduzieren lassen und anschließend durch ein Haarsieb schütten. Die Sauce in den Mixer geben, Sahne hinzufügen und zusammen mit der kalten Butter kräftig durchrühren. Die Sauce nochmals kurz erhitzen, mit Salz und Pfeffer abschmekken. Etwas Sauce auf die Teller geben, die Fleischscheiben darauf anrichten und mit Selleriepüree servieren.

Gamsrücken mit Pfifferlingen

Der Gams ist das typische Wild des Hochgebirges und liefert ein vorzüglich schmeckendes Fleisch, das reich an Mineralstoffen und Vitaminen ist. Die Schußzeit für dieses Wild erlaubt das Jagdgesetz vom 1. August bis 15. Dezember.

1,5 kg Gamsrücken, Salz, Pfeffer,
Öl zum Anbraten, 1/4 Liter Wasser,
Gemüsewürfel (Karotte, Sellerie, Zwiebel),
1/8 Liter Weißwein, 1/2 Liter Wasser,
400 g Pfifferlinge, 1 Eßlöffel Schalottenwürfel,
1 Eßlöffel Butter zum Dünsten,
1/4 Liter Sahne, 100 g Butter,
1 Teelöffel Petersilie

Den Gamsrücken von Sehnen und Fett befreien, leicht salzen und pfeffern. In Öl von allen Seiten braun anbraten, die abgetrennten Sehnen und das Fett zugeben und etwa 15–20 Minuten bei 220°C im vorgeheizten Backofen rosa garen, öfters mit etwas Wasser begießen. Den Rücken warmstellen. Das Röstgemüse in den Bratsatz geben und mit dem Weißwein ablöschen. Mit dem Wasser auffüllen, kräftig einkochen und durch ein Haarsieb passieren. Mit Salz und Pfeffer abschmecken, zur Seite stellen. Die Pfifferlinge putzen, waschen, vierteln oder halbieren; sie sollten alle gleich groß sein. Schalottenwürfel in Butter andünsten, Sahne hinzufügen und einkochen lassen. In den Mixer geben und die kalte Butter unterschlagen. Dann Pilze erhitzen und die gehackte Petersilie zugeben. Mit Salz und Pfeffer abschmecken. Den Gamsrücken mit den Pilzen anrichten und am Tisch tranchieren. Die nochmals erhitzte Sauce und Schupfnudeln dazu servieren.

Knusprige Gänsebrust

Bereits im Altertum war die Gans ein hochgeschätzter Leckerbissen. Um den Riesenbedarf zu decken, sollen die Bewohner der Nilregion es sogar verstanden haben, Gänseeier künstlich auszubrüten.

2 Gänsebrüstchen, Salz, Pfeffer, 1/2 Liter Wasser, 1 Teelöffel Beifuß, Gemüsewürfel (Sellerie, Karotte, Zwiebel), Öl zum Anbraten, 1 Teelöffel Tomatenmark

Die Gänsebrüstchen mit wenig Salz und Pfeffer würzen und in einer flachen Kasserolle mit Wasser und Beifuß im vorgeheizten Backofen zugedeckt bei 200° C etwa 50–60 Minuten garen, bis sie weich sind (Gabelprobe). Dann herausnehmen, die Brüstchen von den Knochen lösen und auf ein Blech geben. Gänsefett nach dem Garen ebenfalls entnehmen. Die Flüssigkeit aus der Kasserolle beiseite stellen. Die Brüstchen bei 220°C etwa 5–6 Minuten braten, bis die Haut schön braun und knusprig ist. Die zerkleinerten Knochen und das Wurzelgemüse in der Kasserolle in etwas Gänsefett oder Öl bräunen, Tomatenmark zufügen und mit dem Gänsefond ablöschen, bis die Sauce dunkelbraun wird. Durch ein Sieb passieren, nachsalzen und alles im Mixer aufschlagen. Die Sauce kurz erhitzen, auf die Teller gießen. Die Brüstchen schräg in drei Teile schneiden und auf die heiße Sauce legen. Dazu einen Backapfel, Rotkraut und Serviettenknödel servieren.

Gänsegulasch

Für Gulasch, das ungarische Nationalgericht, ist der Fleischlieferant in der Regel das Rind. Aber auch Geflügel eignet sich für seine Zubereitung. Und es muß nicht immer die Gans sein: in der Zeit Joseph Haydns war Gulasch vom Fasan eine Lieblingsspeise des Fürsten Esterhazy.

4 Gänsekeulen, 1/2 Liter Rotwein,
2 Lorbeerblätter, 1 Liter Wasser,
40 g Schmalz, 1 Zwiebel,
1 Eßlöffel Tomatenmark, Salz, Pfeffer,
1 Messerspitze Majoran,
250 g geräucherter Bauchspeck

Die Gänsekeulen von Haut und Knochen befreien und in daumenstarke Würfel schneiden. Über Nacht in dem Rotwein mit den Lorbeerblättern stehen lassen. Aus Knochen, Haut und Wasser 1/2 Liter Brühe kochen, beiseite stellen. Die Keulen aus der Marinade nehmen, den Rotwein beiseite stellen. Die gut abgetrockneten Gänsestücke in einem Bräter in Schmalz scharf anbraten. Die feingeschnittenen Zwiebel und das Tomatenmark zugeben, bräunen, mit dem Rotwein ablöschen und mit der Gänsebrühe auffüllen. Mit Salz, Pfeffer und Majoran würzen. Nun kochen, bis die Stücke weich sind (Gabelprobe). Die Sauce einkochen lassen, bis die Flüssigkeit sämig ist. Bei Bedarf nachwürzen. Den Bauchspeck würfeln und knusprig braten, obenauflegen und mit Semmelknödeln servieren.

Gefüllter Gänsehals

Aus der Halshaut der Gans läßt sich ein ausgezeichnetes Gericht zubereiten. Achten Sie beim Einkauf darauf, daß Sie den ganzen Gänsehals bekommen. Mit einer leckeren Farce gefüllt und in Scheiben geschnitten eine nicht alltägliche, kräftige Vorspeise.

Herz, Leber und Magen von 1 Gans,
1 ausgelöste enthäutete Gänsekeule,
1 kleine Zwiebel, Butter und Öl zum Anbraten,
1 Brötchen, 1 Ei, 1 Messerspitze Beifuß, Salz,
Pfeffer, Muskat, 1 ausgelöster Gänsehals

Die gesäuberten Innereien (Herz, Leber und Magen), das Gänsefleisch, die gewürfelte und in Butter und Öl angeschwitzte Zwiebel und das eingeweichte und ausgedrückte Brötchen durch die grobe Scheibe des Fleischwolfs drehen. Das Ei und den gehackten Beifuß zufügen und alles gut vermengen. Mit Salz, Pfeffer und Muskat abschmecken. Den Gänsehals mit einem scharfen Messer vom Knochen lösen, den Hals mit der Fleischmasse füllen, mit Zwirn zunähen und in leicht gesalzenem Wasser etwa 30–35 Minuten garen. Anschließend in einer geeigneten Form erkalten lassen und aufschneiden. Mit Bauernbrot servieren.

Gänselebersuppe mit Trüffeln

Es ist nicht selten so, daß Hochkarätiges sich in unscheinbares Gewand hüllt. Das trifft auch auf die Trüffel zu, den edelsten aller Pilze, der sich außerdem noch bis zu 40 cm tief unter der Erde verbirgt, fast als scheue er seiner knolligen, plumpen Form wegen den Vergleich mit seinen in Hut und Stiel oft elegant dem Auge schmeichelnden Artgenossen. Dafür reizt die Trüffel den Gaumen der Gourmets unvergleichlich mehr. Als würziger Zusatz in Pasteten, Suppen und Ragouts ist der walnuß- bis faustgroße Pilz sehr beliebt in der gehobenen Küche, und dafür dementsprechend teuer. Gesucht wird er mit eigens zu diesem Zweck abgerichteten Hunden oder Schweinen und gefunden vor allem in der südwestfranzösischen Landschaft Périgord, wo es die schwärzesten und aromatischsten seiner Art gibt.

3/4 Liter Hühnerbrühe, 200 g Gänseleber,
2 Eigelb, 1/8 Liter süße Sahne,
2 cl weißer Portwein, 2 cl Armagnac, Salz,
1 schwarze Trüffel, etwas geschlagene Sahne

Die Hühnerbrühe aufkochen lassen. Die Gänseleber durch ein Sieb streichen und zusammen mit Eigelb und Sahne in die nicht mehr köchelnde Brühe einrühren. Die Brühe erhitzen, aber nicht kochen lassen, bis eine sämige Bindung entsteht. Mit Portwein, Armagnac und Salz abschmecken. In jede Suppentasse etwas gehackte Trüffel als Einlage geben, einige Trüffelscheibchen für die Garnierung zurückbehalten. Mit einer kleinen Sahnerosette und dünnen Trüffelscheiben garnieren und servieren.

Gänseschmalz

Unter Schmalz versteht man die ausgelassenen tierischen Fette, die unter Beimischung von würzenden Ingredienzien als Brotaufstrich oder zum Braten verwendet werden. Vor allem das Hausschwein liefert schmackhaften Belag für die herzhafte Vesper oder das Abendbrot. Gourmets bevorzugen wegen des feinen Aromas allerdings Gänseschmalz.

500 g Gänsefett, 1 Apfel, 1 Zwiebel

Das Gänsefett in grobe Stücke schneiden und in einen mittelgroßen Topf geben. Mit Wasser knapp bedecken und drei Stunden stehen lassen. Danach die Stücke in einem Sieb gut abtropfen lassen. Anschließend langsam erhitzen, bis das Gänseschmalz ausgelassen ist. Dann durch ein Haarsieb passieren, den geschälten Apfel, feinwürfelig geschnitten, und die gewürfelte Zwiebel hinzufügen. Alles gut abkühlen lassen. Mit frischem Bauernbrot und Salz servieren.

Ein Tip: Wenn Sie Ihr Gänseschmalz längere Zeit aufheben wollen, sollten Sie alles noch einmal drei bis knapp fünf Minuten stark erhitzen, wenn Sie die Apfel- und Zwiebelstücke zugefügt haben. Damit verhindern Sie, daß später eine Gärung eintritt, und können das Schmalz etwa 4 Wochen im Kühlschrank aufbewahren.

Sommerliche Geflügelbrühe

Eßbares Federvieh unterscheidet man heutzutage in Haus- und Wildgeflügel. Das war freilich nicht immer so. Erst die Domestikation wildlebender Tiere in den Jahrtausenden der vorchristlichen Zeit machte den feinen Unterschied – wobei die Haustierwerdung auch als ältestes biologisches Experiment des Menschen angesehen wird. Beim Huhn gelang es ihm etwa 2000 v. Chr. Seitdem avancierte der leckere Vogel zum meistgegessenen Geflügel. Gründe dafür gibt es mehrere: Huhn ist preiswert und für jedermann erschwinglich, sein eiweißhaltiges Fleisch enthält wenig Fett und ist leicht verdaulich, und schließlich kann man es in der Bundesrepublik, die als der größte Hühnerimporteur der Welt gilt, jederzeit frisch oder tiefgekühlt kaufen.

2 Liter ungesalzene, entfettete Hühnerbrühe, Salz, Pfeffer, 300 g Sommergemüse (z. B. Lauch, Karotten, Sellerie, Gurke, Kohlrabi, rote Rüben), 4 Scheiben Weißbrot, 20 g Butter

Die Hühnerbrühe auf die Hälfte einkochen lassen, mit Salz und Pfeffer abschmecken. Das Sommergemüse kleinschneiden, in wenig Wasser blanchieren und als Einlage in die heiße Suppe geben. Dünngeschnittene Weißbrotdreiecke anbraten und dazu reichen.
Diese Suppe schmeckt auch gut, wenn sie kalt ohne das Weißbrot serviert wird.

Geflügelleber-Maultaschen

Und noch eine Variation zum fast unerschöpflichen Thema Maultaschen, die inzwischen weit über Schwaben hinaus Anerkennung fanden. Es gibt Gerüchte, daß manche Schwaben über Entzugserscheinungen klagen, wenn sie nicht wenigstens einmal pro Woche dieses Labsal für Auge und Magen auf den Tisch bekommen.

Für den Teig: 400 g Mehl, 3 Eier, 1 Eßlöffel Wasser, Salz. 250 g Geflügelleber, 2 Brötchen, 1 kleine Zwiebel, etwas Butter zum Andünsten, 1 Eßlöffel gehackte Petersilie, 2 Eier, 1 Eßlöffel Semmelbrösel, 10 g Butter, 50 g Mehl, Salz, Pfeffer, Muskat.
Zum Bestreichen: 1 verquirltes Ei.
Für die Schmälze: 1/2 Zwiebel, 40 g Butter.
Zum Bestreuen: Schnittlauch

Maultaschenteig zubereiten, wie auf Seite 94 beschrieben. Die Geflügelleber anbraten und würfeln, mit den eingeweichten und ausgedrückten Brötchen durch die feine Scheibe des Fleischwolfs drehen. Die feingeschnittene und kurz in Butter angeschwitzte Zwiebel, die feingehackte Petersilie, die Eier, die Semmelbrösel, die schaumig gerührte Butter und das Mehl untermengen, würzen. Den Teig hauchdünn ausrollen und etwa 5×6 cm große Teigflecken ausschneiden. Die Ränder mit dem verquirlten Ei bepinseln, in die Mitte je einen Eßlöffel Fleischmasse hineinsetzen, darauf einen zweiten Teigflecken legen und an den Rändern mit dem unteren Stück festdrücken. Dann die Maultaschen 5–10 Minuten in siedendem Salzwasser garen. Aus Butter und der feingeschnittenen Zwiebel die Schmälze zubereiten. Die Maultaschen anrichten, obenauf die Schmälze geben und mit Schnittlauch bestreut servieren.
Dazu paßt sehr gut Kartoffelsalat.

Geflügelleber-Törtchen

Die Besonderheit dieses Gerichts liegt in der Kombination von heißen Törtchen auf kalter Tomatensauce. Ein Gericht, das besonders in den Sommermonaten schmeckt!

1/2 Zwiebel, 30 g Butter, 1 Teelöffel Petersilie, 1 Knoblauchzehe, 500 g Geflügelleber (geputzt und entsehnt), 2 Scheiben Weißbrot, 3 Eier, 200 g frischer Speck, 150 g Crème fraîche, Salz, Pfeffer, Muskat, Schmalz zum Ausfetten. Für die Sauce: 2 große Tomaten, 1 Eßlöffel Crème fraîche, Basilikumblättchen

Die Zwiebel in Butter glasig andünsten, die gehackte Petersilie und die zerdrückte Knoblauchzehe zugeben. Im Mixer pürieren und nach und nach die Geflügelleber, das eingeweichte und ausgedrückte Weißbrot, die Eier, den durch die feine Scheibe des Fleischwolfs gedrehten Speck und die Crème fraîche hinzugeben und zu einer geschmeidigen Masse verarbeiten. Mit Salz, Pfeffer, Muskat würzen. Kleine Auflaufförmchen oder Kaffeetassen mit Schmalz ausfetten, die Masse einfüllen, mit Alufolie abdecken und im Wasserbad 30 Minuten im auf 160°C vorgeheizten Backofen garen. Danach auf eine Platte stürzen.

Für die kalte Sauce die Tomaten enthäuten und entkernen. Das Tomatenmus mit der Crème fraîche mischen, einen Teil der gehackten Basilikumblättchen hinzufügen, salzen und pfeffern. Die Törtchen auf der kalten Tomatensauce anrichten und mit den restlichen Basilikumblättchen verzieren.

Geflügelmaultaschen

Im allgemeinen wird den Italienern neidlos die absolute Vorherrschaft auf dem Gebiet der Nudel-Kreationen zuerkannt, die sich entweder als Vorspeise, Zwischengericht, Beilage, Suppeneinlage oder, wie in unserem schwäbischen Fall, als komplettes Hauptgericht eignen.

Für den Maultaschenteig: 400 g Mehl, 3 Eier, 1 Eßlöffel Wasser, Salz.
Für die Füllung: 300 g Geflügelfleisch, 100 g Schweinefleisch, 1 eingeweichtes und ausgedrücktes Brötchen, Muskat, 1 Thymianzweig, Petersilie, etwas abgeriebene Schale einer ungespritzten Zitrone, 4 Schalotten, 1/2 Knoblauchzehe, 20 g Butter, Pfeffer, 1 Ei zum Bestreichen.
Für die Schmälze: 60 g Butter, 1/2 Zwiebel

Teig: Das Mehl sieben, eine Vertiefung eindrükken, Eier, Wasser und Salz hineingeben und eine Stunde an einem kühlen Ort ruhen lassen.
Füllung: Fleisch und Brötchen durch die feine Scheibe des Fleischwolfs drehen. Gewürze und Zitronenschale hinzugeben. Schalottenwürfel und zerdrückte Knoblauchzehe in Butter etwa fünf Minuten in einem Pfännchen andünsten. Abkühlen lassen und unter die Fleischmasse mischen, mit Salz und Pfeffer abschmecken.
Den Teig dünn auswellen. Runde Teigstücke (Ø 6 cm) ausstechen, je einen Eßlöffel Fleischmasse in die Mitte geben. Bevor das zweite Teigstück zum Bedecken obenauf gelegt wird, den Rand mit verquirltem Ei bestreichen und an das untere Teigstück drücken. Alle Maultaschen in einem großen Topf mit reichlich Salzwasser etwa 5–8 Minuten garen, gut abtropfen.
Für die Schmälze die Butter in einer Pfanne zergehen lassen, die feingewürfelte Zwiebel zufügen und goldbraun anschwitzen. Dann über die Maultaschen geben und mit Kartoffelsalat servieren.

Geflügelpastete

Diese Pastete braucht zwar etwas Zeit, läßt sich aber gut vorbereiten und ist ebenso als Vorspeise wie als Bestandteil eines kalten Büfetts oder eines Gourmet-Picknickkorbs geeignet.

350 g Hähnchenfleisch, 1 Zwiebel, 150 g fetter Speck, 40 g Butter, 30 g Mehl, 1/8 Liter süße Sahne, 1 Ei, 1/2 Teelöffel Salz, je eine Messerspitze geriebener Thymian und Majoran, je 1 Prise gemahlene Gewürznelken, Ingwer und Muskat, Fett für die Form, 100 g Champignons, 1/2 Teelöffel gehackte Schalotte, 10 g Butter, 5 cl trockener Weißwein, 100 g Hähnchenleber

Hähnchenfleisch mit grob geschnittener Zwiebel und dem gewürfelten Speck durch die feine Scheibe des Fleischwolfs drehen. Butter erhitzen, Mehl darin anschwitzen, nach und nach die Sahne und das Ei zugeben. Die etwas abgekühlte Mischung mit Fleisch, Salz und Kräutern bzw. Gewürzen zu einer glatten Farce verarbeiten. Die Hälfte davon in eine gut gefettete kleine Kastenform füllen und glattstreichen. Champignons waschen und in Butter mit der gehackten Schalotte andünsten. Den Weißwein zugeben, kurz durchkochen, abkühlen lassen. Die Pilze mit dem Stiel nach unten in den Fleischteig drücken, mit der angebratenen und in feine Scheiben geschnittenen Hähnchenleber zudecken und den restlichen Fleischteig darauf verteilen. Die Form in eine halbhoch mit Wasser gefüllte Bratpfanne stellen und im vorgeheizten Backofen bei 180°C etwa 60 Minuten garen. Die Pastete in der Form erkalten lassen, stürzen und in Scheiben schneiden. Mit Toast oder Roggenbrötchen als Vorspeise servieren.

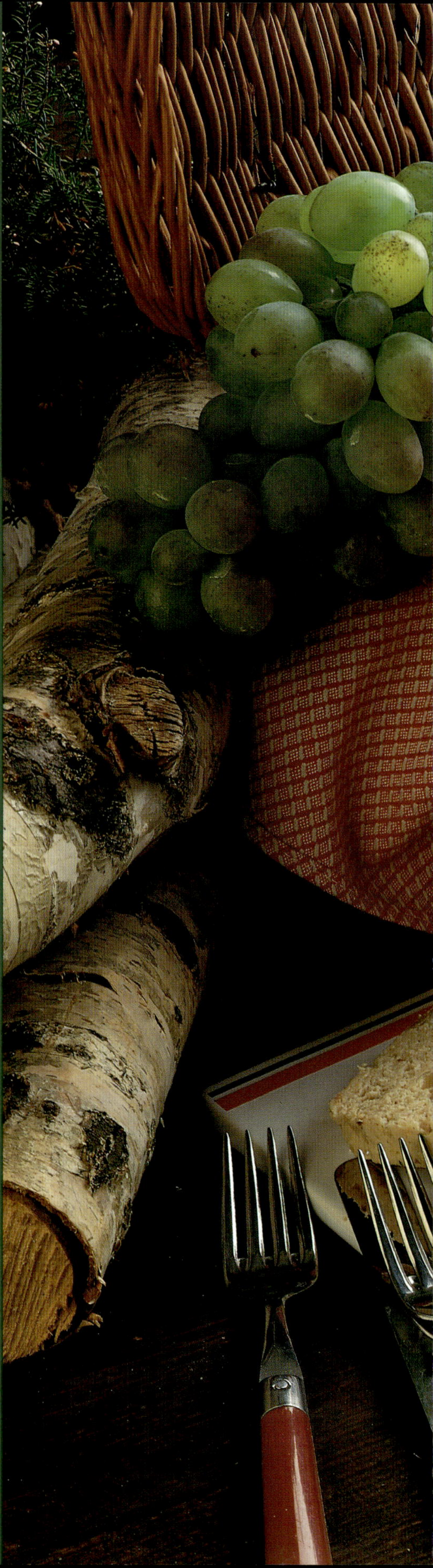

Geflügelschaumbrot

Schaumbrot, wie die korrekte Übersetzung für die feinen *Mousses* und *Mousselines* lautet, hat auch in den letzten Jahren verstärkt Einzug in deutschen Küchen gehalten.
Ein Tip: Bei sommerlichem Wetter sollten Sie zwei Gelatineblätter nehmen.

1 gegartes Hähnchen, 1/8 Liter Hühnerbrühe, 1 Teelöffel Mehlbutter (weiche Butter zu gleichen Teilen mit Mehl verknetet), 1 Blatt Gelatine, 1/4 Liter süße Sahne, Salz, Pfeffer, Petersilie zum Garnieren

Das Geflügelfleisch ablösen und durch die feine Scheibe des Fleischwolfs drehen, durch ein Sieb streichen und beiseite stellen. Die Hühnerbrühe aufkochen und mit Mehlbutter binden. Das in kaltem Wasser eingeweichte und ausgedrückte Gelatineblatt im Wasserbad auflösen, dann unter die mit Mehlbutter gebundene Brühe geben. Zuerst das Geflügelfleisch und dann die geschlagene Sahne unterziehen. Mit Salz und Pfeffer würzen, kühlstellen. Das Schaumbrot mit dem Spritzbeutel portionsweise auf die Teller geben. Mit Petersilie hübsch garnieren und mit Toast und Butter servieren.

Geflügelstrudel

Geflügel läßt sich gekocht oder gebraten, ganz oder in Stücken, mit und ohne Sauce, entbeint, enthäutet oder gefüllt auf den Tisch bringen. Dazu ist es noch bekömmlich und nährstoffreich. Hier dient es als leckere Strudelfüllung.

Für die Füllung: 400 g ausgelöstes Hähnchenfleisch (ohne Haut und Knochen), Butter zum Anbraten, 4 Eier, Salz, Pfeffer, etwas Knoblauch, Salbei, Majoran, 250 g Gemüserauten (Lauch, Sellerie, Karotten), 70 g Broccoliröschen, 30 g Schalottenwürfel.
Für den Teig: 300 g Mehl, 1 Ei, 1/8 Liter Geflügelbrühe oder Wasser, 1 Eßlöffel Öl oder zerlassene Butter, 1 Prise Salz.
Zum Bestreichen: zerlassene Butter

Das Hähnchenfleisch durch die feine Scheibe des Fleischwolfs drehen, die Hälfte kurz anbraten und kaltstellen. Mit dem restlichen Fleisch, den Eiern, den Gewürzen und dem blanchierten und gut abgetropften Gemüse in einer Schüssel vermengen.
Für den Teig das Mehl auf die Arbeitsplatte sieben. Das Ei mit dem warmen Wasser verquirlen und in die Mitte des Mehls geben. Flüssigkeit, Öl oder Butter und Salz zufügen. Von innen nach außen alles zu einem festen Teig verarbeiten und kneten, bis er sich leicht von der Hand löst. 15 Minuten abgedeckt ruhen lassen. Auf einem bemehlten Tuch den Teig hauchdünn ausziehen. Die dicken Außenränder abschneiden. Die Füllung in den Teig einschlagen und den Strudel mit Butter einpinseln. Bei 200° C 15 Minuten im Backofen backen.

Indisches Hähnchen

„Duft und Geschmack sind die besten Freunde des Appetits", hat einmal jemand gesagt. Wie sonst könnten Gewürze in der Küche eine so große Rolle spielen? Der Geschmack von Geflügel wird durch sie immer wieder verändert, vor allem, wenn Curry verwendet wird. Außer dem ingwerähnlichen Kurkumapulver, das der Mischung seine gelbliche Farbe gibt, enthält Curry noch Pfeffer, Piment, Zimt, Muskat, Nelken, Kümmel, Koriander und Kardamom. Erst diese Zusammenstellung ergibt das „typisch" fernöstliche Aroma.

2 küchenfertige Hähnchen,
1/2 Liter Sauerrahm, 1 große Ingwerwurzel,
Currypulver, 1 Teelöffel Korianderbeeren,
Salz, Öl zum Anbraten, etwas zerlassene
Butter, 1/2 Teelöffel Kümmel,
1 Prise Cayennepfeffer, 1 Teelöffel Mehlbutter

Die küchenfertigen Hähnchen in je 8 Teile zerlegen und über Nacht in eine Marinade aus Sauerrahm, der geputzten, in feine Scheiben geschnittenen Ingwerwurzel, Curry, Korianderbeeren und Salz legen. Danach die Hähnchenteile gut abtropfen lassen und abtupfen. Die Marinade für die Sauce aufbewahren. Die Hähnchenteile im Bräter bei 220–240°C im vorgeheizten Backofen 20 Minuten rosa braten. Die Teile dann mit einer Mischung aus zerlassener Butter, Kümmel und Cayennepfeffer bepinseln und im Ofen bei 200–220°C nochmals etwa 10 Minuten knusprig braten. Herausnehmen und warmstellen. Die Marinade kurz erhitzen, durch ein Haarsieb passieren, mit Mehlbutter binden, abschmecken und über die Fleischstücke gießen. Dazu Reis servieren und mit Ingwerstreifen garnieren.

Pot-au-feu vom Hähnchen

Vor rund 400 Jahren versprach Frankreichs sozial eingestellter König Henri IV. jedem seiner Untertanen das sonntägliche Huhn im Topf. Spätestens seit damals wird dieses Federvieh nicht nur in Frankreich phantastisch auf verschiedene Arten gegart, gebraten, gebacken, gegrillt und angerichtet.

1 küchenfertiges Hähnchen, 1/2 Zitrone, etwa 2 Liter Salzwasser, 300 g Karottenwürfel, 200 g Selleriewürfel, 200 g weiße Rübenwürfel, 1 kleines Weißkraut, 1 Leinenbeutelchen mit Gewürzen (8 gestoßene Pfefferkörner, 2 Nelken, 1 Thymianzweig, 2 Lorbeerblätter), 1 Bund Kerbel

Das küchenfertige Hähnchen mit der Zitrone einreiben und in Salzwasser bedeckt etwa 40 Minuten kochen. Die Gemüsewürfel und das vorbereitete Weißkraut blanchieren und mit dem Gewürzbeutel nach 20 Minuten hinzufügen. Nach der Kochzeit den Gewürzbeutel herausnehmen und die Brühe mit Salz abschmecken. Das Hähnchen in 4 Teile teilen und wieder in die Brühe geben. Den gehackten Kerbel daraufstreuen und sehr heiß servieren. Eine leckere Suppe für kalte Abende. Will man ein Hauptgericht, sollte man zwei Hähnchen nehmen und die Gemüsemengen verdoppeln. Gewürzanteile und Garzeiten bleiben gleich.

Hase nach Dumas Père

Ob wohl Alexandre Dumas (1802–1870), Autor weltberühmter Abenteuerromane, seine reiche Erfindungsgabe dem Genuß dieses und ähnlicher Gerichte verdankt?

Für Fond und Sauce: Hasenknochen, 1 Eßlöffel Öl, Gemüsewürfel (Sellerie, Karotte, Zwiebel), etwas Tomatenmark, 1/2 Liter nicht zu trockener Rotwein, 1/2 Liter nicht gesalzene Hühnerbrühe, 1/4 Liter Wasser, Knoblauch, 1 Nelke, Muskatnuß, 1 Lorbeerblatt, 1 Bund Thymian, 1 Bund Basilikum, etwas gestoßener schwarzer Pfeffer, Salz, 3–4 Eßlöffel Schweineblut. 1 Hasenleber, 2 mittelgroße, ausgelöste Wildhasenrücken, Butter und Öl zum Anbraten, 12 Kapern, etwas zerlassene Butter

Die zerkleinerten Hasenknochen (vom ausgelösten Wildhasenrücken) in Öl scharf anbraten, das Gemüse hinzugeben und ebenfalls bräunen, Tomatenmark zufügen, mit Rotwein ablöschen und einkochen lassen. Die Hühnerbrühe, Gewürze und Kräuter und das Wasser hinzugeben. Bei schwacher Hitze etwa 90 Minuten köcheln lassen, abseihen und eventuell weiter einkochen lassen, bis rund 1/4 Liter Flüssigkeit übrig bleibt. Erkalten lassen und das Fett abschöpfen. Dann alles aufkochen, abschmecken. Von der Kochstelle nehmen, das Schweineblut einrühren. Zum Schluß die Leber im Mixer pürieren, einrühren. Die Sauce warmstellen. Die Hasenrückenfilets salzen, pfeffern, in Butter und Öl scharf anbraten und 4 Minuten bei starker Hitze unter ständigem Wenden rosa braten. Die Sauce auf eine vorgewärmte Platte gießen und darauf das in Scheiben geschnittene Fleisch anrichten. Die Kapern in zerlassener Butter kurz anwärmen und auf die Sauce verteilen. Dazu Schupfnudeln reichen.

Das Beste vom Hasen

Zur Geschmacksverbesserung oder zum Mürbemachen von Wildbret bedient sich die gute Küche häufig einer Marinade. Unter diesem aus dem Französischen stammenden Wort versteht man eine gewürzte Flüssigkeit aus verdünntem Essig oder Wein, der Wurzelgemüse beigefügt ist. Die Grundlage einer Marinade kann aber auch aus Zitronensaft, Buttermilch oder Öl bestehen. Achtung: Bei diesem Rezept bleibt das Hasenfleisch drei Tage in der Marinade!

1 Hasenrücken, 2 Hasenkeulen, 2 Hasenschultern.
Für die Marinade: 1/2 Liter Burgunder, 1/4 Liter roter Portwein, 1 Lorbeerblatt, 2 Nelken, je 40 g Karotten, Lauch, Sellerie, 80 g Zwiebeln (alles in Würfeln). Salz, Pfeffer, Butter und Öl zum Anbraten. 1 Eßlöffel Tomatenpüree, 1/2 Liter Fleischbrühe, 1/4 Liter Schweineblut

Alle Hasenteile von den Sehnen befreien und das Fleisch in die Marinade aus den angegebenen Zutaten legen. Das Fleisch sollte gut mit Marinade bedeckt sein. Nach drei Tagen das Fleisch herausnehmen, gut abtrocknen, salzen, pfeffern und in heißem Fett in einem Bräter braun anbraten. Das abgetropfte Gemüse aus der Marinade nehmen und das Tomatenpüree hinzufügen. Ebenfalls bräunen. Mit der Marinade und der Fleischbrühe auffüllen, im vorgeheizten Backofen bei 220° C garen, bis sich das Fleisch nach rund 20 Minuten leicht vom Knochen lösen läßt. Dann das Fleisch ablösen und warmhalten. Die Sauce einkochen lassen, bis sie sämig ist, durch ein Haarsieb passieren, mit dem Schweineblut binden, mit Salz und Pfeffer abschmecken und über das heiße Fleisch gießen. Mit Maronen und Spätzle vom Brett servieren.

Hasenkeule

Während der Wintermonate kommt Hasenfleisch in großen Mengen auf den Markt, in den übrigen Monaten kann auf Tiefkühlware zurückgegriffen werden. Das tiefgefrorene Hasenfleisch sollte möglichst in einer Buttermilch- oder Weinbeize aufgetaut werden.

4 Wildhasenkeulen (1–1,2 kg), Salz, schwarzer Pfeffer, Butter und Öl zum Anbraten, 500 g Hasenknochen, 1 Eßlöffel Gemüsewürfel (Sellerie, Karotte, Zwiebel), 1 Teelöffel Tomatenmark, 1/2 Liter kräftiger Rotwein, 1 Liter Wasser, 6 zerdrückte Wacholderbeeren, 1/2 Lorbeerblatt, 1 Nelke, 1 Eßlöffel Johannisbeergelee, 400 g Austernpilze, 60 g Butter, 1 Schalotte, Schnittlauch, Petersilie, Estragon

Die Hasenkeulen häuten, salzen, pfeffern und scharf in Butter und Öl anbraten. Die Keulen herausnehmen und beiseite stellen. Die zerkleinerten Hasenknochen und die Reste vom Abhäuten in den Bräter geben, im vorgeheizten Backofen bei 250° C in Öl anbraten, das Gemüse und Tomatenmark zufügen. Zwischendurch eßlöffelweise mit Rotwein begießen. Wenn eine schöne braune Farbe erreicht ist, mit Wasser auffüllen. Gewürze, Johannisbeergelee und die Hasenkeulen hineingeben, 40–50 Minuten bei 220° C garen, bis die Keulen weich sind (Gabeltest), dann herausnehmen und warmstellen. Die Sauce durch ein Sieb passieren, abschmekken, warmstellen. Die kleingeschnittenen Austernpilze zusammen mit der gewürfelten Schalotte und den frischen Kräutern in Butter andünsten. Das Fleisch anrichten, die Sauce darübergießen, die Pilze hinzufügen. Mit Semmelknödeln servieren.

Hasen-Mousseline

Bei einer Treibjagd in Ungarn wurden 1930 von neun Schützen in zwei Tagen 12748 Hasen erlegt. Heute freilich muß man mit anderen Zahlen rechnen. Mancherorts ist der Hasenbesatz nämlich drastisch gesunken. In anderen Revieren dagegen ist es notwendig, den jährlichen Zuwachs zu schießen, um einer entsprechenden Anzahl von Mümmelmännern die Lebensgrundlage zu sichern.

1 Wildhasenkeule, Salz, Pfeffer, Butter und Öl zum Anbraten, Gemüsewürfel (Sellerie, Karotte, Zwiebel), 1 Wacholderbeere, 1/4 Liter Weißwein, 1/4 Liter Wasser, 1 Teelöffel Weinbrand, 1 Teelöffel trockener Sherry, 2 Blatt Gelatine, 1/10 Liter Portwein, 1/4 Liter Sahne, 1 schwarze Trüffel

Die Keule auslösen, in fingerdicke Stücke schneiden, salzen und pfeffern. In Butter und Öl braun anbraten, beiseite stellen. Die zerkleinerten Knochen und die Gemüsewürfel sowie die zerstoßene Wacholderbeere in den Bratsatz geben, mit dem Weißwein löffelweise ablöschen. Wenn der Wein verbraucht ist, das Wasser zufügen und weiterköcheln lassen, bis etwa 1/2 Tasse Brühe übrig ist. Durch ein Haarsieb passieren, beiseite stellen. Das Keulenfleisch zweimal durch die feine Scheibe des Fleischwolfs drehen, mit Weinbrand und Sherry abschmecken und beiseite stellen. Die in Wasser eingeweichte Gelatine ausdrücken und im erhitzten Portwein auflösen. Rund 1/4 vom noch warmen Portweingelee zum Hasenfleisch geben und untermengen. Nun die geschlagene Sahne und die Hälfte der gehobelten Trüffelspäne unter die etwas abgekühlte Masse ziehen, mit Salz und Pfeffer abschmecken. In einer Schüssel kaltstellen, dann die Mousseline in einem Spritzbeutel als Rosetten auf die Teller spritzen, mit dem restlichen Weingelee umgießen. 1/2 Stunde kaltstellen, mit den restlichen Trüffelspänen garnieren. Dazu Toast servieren.

Hasentaschen in Fleischbrühe

Wer kennt sie nicht, die meist mit pikantem Ragout gefüllten italienischen Ravioli? Maultaschen oder Mundtäschchen sind die süddeutsche Version davon – hier eine mit Hasenfleisch angereicherte Variante.

Für den Maultaschenteig: 400 g Mehl, 3 Eier,
2 Eigelb, 1 Eßlöffel Wasser, 1 Prise Salz
(Zubereitung siehe S. 94).
Für die Füllung:
1/2 Zwiebel, 1/2 Bund Petersilie, 10 g Speck,
etwas Butter zum Andünsten, 100 g Spinat,
100 g alte Brötchen, 100 g Hasenfleisch,
2 Eier, Salz, Pfeffer, Muskat.
Zum Bestreichen: 1 Ei.
Zum Garen: Salzwasser,
1 Liter Fleischbrühe.
Zum Bestreuen: 1 Eßlöffel Zwiebelwürfel,
1 Eßlöffel Schnittlauchröllchen

Zunächst den Maultaschenteig herstellen. Die feingeschnittene Zwiebel, die gehackte Petersilie und den gewürfelten Speck in Butter andünsten, zur Seite stellen. Den Spinat kochen, zusammen mit den eingeweichten und gut ausgedrückten Brötchen und dem Hasenfleisch durch die feine Scheibe des Fleischwolfs drehen. Mit den Eiern und Gewürzen zu einer lockeren Masse vermengen. Aus dem Teig 12 Rechtecke schneiden, darauf gleich große Portionen der Fleischmasse setzen, den Rand mit Ei bestreichen. Dann die Teigstücke von den Ecken her nach oben umklappen und in der Mitte fest zusammendrücken, damit sie sich beim Kochen nicht öffnen. Die Taschen in einen Topf mit kochendem Salzwasser geben (sie müssen gut mit Wasser bedeckt sein) und 5–8 Minuten garkochen. Die Maultaschen in tiefe Teller geben, die erhitzte Fleischbrühe darübergießen. Obenauf gedünstete Zwiebelwürfelchen und Schnittlauch.

Hirschfilet in Wacholdersahne

Vergessen Sie bei diesem Gericht nicht die Preiselbeeren als Beigabe. Die Frucht mit dem hohen Vitamin-C-Gehalt schmeckt frisch am besten und lockt im Herbst Scharen von Beerensammlern an. Im Volksglauben spielte die Preiselbeere früher eine besondere Rolle, weil ihre im Haus aufgesteckten immergrünen Zweige als segensbringend galten.

800 g Hirschfilet, 300 g Hirschknochen, Öl zum Anbraten, Gemüsewürfel (Sellerie, Zwiebel, Karotte), 1 Teelöffel Tomatenmark, 1/2 Liter trockener Weißwein, 1/2 Liter Wasser, 1 Lorbeerblatt, 1 Nelke, 5 Wacholderbeeren, 4–5 schwarze Pfefferkörner, 1/4 Liter süße Sahne, 80 g Butter, 4 cl Wacholderschnaps, Salz, Pfeffer, Öl, Butter

Hirschfilet häuten, zur Seite stellen. Die abgezogenen Reste mit den kleingehackten Knochen in Öl bei 220°C im vorgeheizten Backofen 10 Minuten braten. Das Röstgemüse zugeben und ebenfalls anbraten, mit Tomatenmark bräunen. Eßlöffelweise mit Weißwein ablöschen, bis eine schöne braune Farbe entsteht, dann restlichen Wein und Wasser zugeben. Die Gewürze im Mörser zerstoßen, hinzufügen und alles auf die Hälfte einkochen. Durch ein Sieb geben, dann die Sahne zufügen und auf rund 2/3 der Flüssigkeit einkochen, dann die Butter und den Schnaps mit dem Schneebesen unterschlagen. Mit Salz abschmecken, warmstellen. Das mit Salz und Pfeffer gewürzte Hirschfilet in Öl und Butter 5–8 Minuten rosa braten. Das Fleisch in Scheiben schneiden und auf der Wacholdersauce anrichten. Die restliche Sauce separat servieren. Dazu Spätzle vom Brett und Preiselbeerkompott reichen.

Hirschklöße

Der Hirsch ist der männliche Vertreter des Rotwildes, dessen Name sich von der Farbe der Decke (Fell) herleitet, die dieses Wild vom Frühjahr bis Herbst trägt. Danach verfärbt sie zu einem fahlen oder dunklen Braungrau. Von den rund 90 000 Stück, die in der Bundesrepublik Deutschland in freier Wildbahn leben, werden im Jahr etwa 28 000 geschossen.

Die jungen Blätter und Stengel von Giersch oder Geißfuß, wie dieses Kraut auch genannt wird, eignen sich gut für die Anreicherung von Salaten, Suppen und Saucen und sind wegen ihrer heilenden Wirkung bei Rheuma bekannt.

400 g schieres Hirschfleisch aus der Schulter, 400 g Schweinebacke, 1 große Zwiebel, etwas Butter zum Andünsten, Salz, Pfeffer, 40 g Butter, 1/4 Liter Rotwein, 1/4 Liter süße Sahne, 1 Eßlöffel Kräuter (Thymian, Sauerampfer, Giersch)

Das Hirschfleisch, die Schweinebacke und die kleingewürfelte und in Butter angedünstete Zwiebel durch die feine Scheibe des Fleischwolfs drehen, mit Salz und Pfeffer würzen. Aus der Masse kleine Klößchen formen und in Butter braten. Den Bratsatz mit Rotwein ablöschen, stark einkochen lassen, mit der Sahne binden. Eventuell nochmals abschmecken. Die gehackten Kräuter zufügen und sofort servieren. Dazu Spätzle vom Brett reichen.

Hirschrückenfilet

Ob Filet oder Steak, Schulter oder Keule – in der Gastronomie wird alles mit der Bezeichnung Hirsch versehen, was vom Rotwild auf den Teller kommt. Und zwar auch dann, wenn das Fleisch von weiblichen Tieren stammt.

1,5–2 kg Hirschrücken, Butter und Öl zum Anbraten, 1/2 Liter Wasser, Salz, Pfeffer, 2 cl Cognac, 1/8 Liter Crème fraîche, 100 g Butter, 500 g große Steinpilze, 100 g Butter

Die Filetstücke vom Knochen lösen und von den Sehnen befreien. Die zerkleinerten Knochen und Sehnen in der Pfanne in Öl braun anrösten. Mit dem Wasser ablöschen und auf knapp 1/4 Liter Brühe einkochen lassen. Durch ein Haarsieb schütten und beiseite stellen. Das Hirschfilet mit Salz und Pfeffer würzen, in Butter und Öl in einem Bräter kurz rundherum anbraten, dann im vorgeheizten Backofen bei 220°C rund 10 Minuten rosa garen. Warmstellen, 5 Minuten ruhen lassen. Den Bratsatz entfetten, mit Cognac ablöschen, mit der Hirschbrühe auffüllen und die Sauce auf die Hälfte einkochen lassen. Mit Crème fraîche und der kalten Butter im Mixer kräftig durcharbeiten. Das Hirschfleisch in Scheiben schneiden und die erhitzte Sauce angießen. Dazu passen in Butter gebratene Steinpilzscheiben, Preiselbeeren und Semmelknödel.

Gefüllte Hirschschulter

Speisen, die mit Wildbret und Pilzen zubereitet werden, bezeichnet die Gastronomie oft mit *à la chasseur* – nach Art des Jägers.

1–1,2 kg Hirschschulter, 1 Zwiebel, etwas Butter zum Andünsten, 1 Brötchen, 1 Ei, Salz, Pfeffer, 2 gestoßene Wacholderbeeren, Muskat, 2 cl Wacholderbeerschnaps, Butter zum Einfetten, Gemüsewürfel (Karotte und Zwiebel), 1/8 Liter trockener Weißwein, 1 Eßlöffel saure Sahne, 1 Teelöffel Mehlbutter, 300 g Waldpilze, 1 Teelöffel Speckwürfel, 1 Teelöffel Schalottenwürfel, 1 Bund Schnittlauch

Hirschschulter von Knochen und Sehnen befreien, breitklopfen und zu einem großen Rechteck schneiden. Dabei die überstehenden Ecken abschneiden. Übrig gebliebene Fleischstücke, die in Butter angedünsteten Zwiebelscheiben und das eingeweichte, ausgedrückte Brötchen durch die feine Scheibe des Fleischwolfs drehen. Ei und Gewürze sowie den Schnaps zugeben, alles gut vermengen. Die Masse 1 cm dick auf das Fleisch streichen, nochmals von außen salzen und von der längeren Seite her rollen und in gefettete Alufolie einschlagen. Zusammen mit den zerkleinerten Knochen in einer flachen Kasserolle im vorgeheizten Backofen bei 220 °C etwa 40–50 Minuten garen, ab und zu mit Wasser angießen. Das Fleisch herausnehmen, warmhalten. Die Gemüsewürfel zu den Knochen geben, mit Weißwein ablöschen. Kräftig durchkochen, durch ein Haarsieb passieren, abschmecken und mit der sauren Sahne und der Mehlbutter verfeinern. Dann die geputzten Waldpilze mit den Speck- und Schalottenwürfeln braten, salzen, pfeffern und an das Fleisch legen. Mit Schnittlauch garnieren. Dazu Spätzle vom Brett oder Kartoffelkroketten servieren.

0,7 l e
Lemberger trocken

Huhn in Gelee

Als es noch keine Gefrierschränke gab, mußten die Speisen auf natürliche Weise haltbar gemacht werden. Eines dieser Mittel war die Sülze, ein zur Gerinnung gebrachter Absud aus Fleisch und Knochen. In der Handschrift des Meisters Hannsen, „des von Wirtenberg Koch", aus dem Jahre 1416 wird ausführlich über die Herstellung der „Sultz" gesprochen. Unter anderem heißt es da, daß „der sultz muß also vil sein, das sy das fleisch bedecke". Nur so kann die Sülze nämlich ihre konservierende, luftabdichtende Wirkung entfalten.

500 g gekochtes Hühnerfleisch, 500 g Wurzelgemüse (Sellerie, Lauch, Karotte), 150 g Champignons, 3 Tomaten, 12 Blatt Gelatine, 3/4 Liter entfettete Hühnerbrühe, 1 Bund Kerbelblättchen, einige Cornichons, Zitronenscheiben, grüne und schwarze Oliven, 200 g Crème fraîche, Zitronensaft

Das gekochte Hühnerfleisch würfeln. Das Wurzelgemüse ebenfalls in Würfel schneiden und zusammen mit den kleingeschnittenen Champignons blanchieren. Die Tomaten abziehen, entkernen und ebenfalls würfeln.

Die Gelatine in kaltem Wasser einweichen, ausdrücken und in der erhitzten Brühe auflösen. Die lauwarme Hühnerbrühe mit dem Hühnerfleisch und dem gut abgetropften Gemüse vermischen, den gehackten Kerbel zugeben.

In eine große Form oder in vier kleine Förmchen füllen und kaltstellen, bis alles fest ist. Mit Cornichons, Zitronenscheiben und Oliven garnieren und mit der Crème fraîche, abgeschmeckt mit einigen Spritzern Zitronensaft, servieren. Dazu Toast reichen.

Hühnerbrüstchen in Sauerampfersauce

Auf Wiesen gilt der Sauerampfer als lästiges Unkraut – in der Küche dagegen ist er als wichtiger Bestandteil von Suppen und Salaten ein gern gebrauchtes Kraut. Von den vielen Verwandten der hochstengeligen Pflanze wurde der Gemüseampfer oder englische Spinat nach Plinius bereits im Altertum für die Verwendung in Topf und Schüssel angebaut.

1 großes Suppenhuhn (etwa 2 kg), Gemüsebouquet (Lauch, Sellerie, Karotte, Zwiebel), 1/4 Liter süße Sahne, 100 g Butter, 1 Bund Sauerampfer, Salz

Das gesäuberte Huhn in kochendes Wasser geben und 5 Minuten kochen lassen. Das Huhn herausnehmen und unter fließend kaltem Wasser etwas abkühlen. Danach das Huhn in einen hohen Topf geben, mit kaltem Wasser bedekken und das Gemüsebouquet zugeben. Langsam zum Sieden bringen. Das Huhn langsam köcheln lassen, bis es weich ist (etwa 50 Minuten). Danach herausnehmen und die Haut abziehen. Die beiden Brüstchen lösen und gesondert in einem Teil der abgeschöpften Brühe warmstellen. Die Keulen in kaltem Wasser abkühlen und am nächsten Tag für Geflügelsalat oder z. B. für *Huhn in Gelee* (s. Seite 124) verwenden. Die restliche Brühe auf ein Drittel einkochen, anschließend im Mixer mit der Sahne, der kalten Butter und dem gehackten Sauerampfer durchrühren. Mit Salz abschmecken, die warmgestellten Hühnerbrüstchen in 4 Portionen teilen, gut abtrocknen und auf der heißen Sauerampfersauce anrichten. Eventuell mit schwarzem Pfeffer aus der Mühle abschmecken. Dazu körnigen Reis oder Nudeln servieren.

Kaninchenrücken in Burgunder

Ursprünglich war der Mittelmeerraum die Heimat des Kaninchens. Bei uns wurde es nachweisbar bereits 1149 in der Benediktinerabtei Corvey an der Weser in Käfigen gehalten. Auf Grund seiner Vermehrungsfreudigkeit ist es heute fast über die ganze Welt verbreitet. In Australien und Südamerika sind Kaninchen zur Landplage geworden. Kein Wunder, setzt doch das weibliche Kaninchen pro Jahr sechs- oder siebenmal vier bis acht Junge, die in einer eigens zu diesem Zweck gegrabenen Röhre im Gegensatz zum Hasen nackt und blind zur Welt kommen.

4 Kaninchenrücken.
Für die Sauce: 30 g Sellerie, 30 g Karotten, 30 g Lauch, 60 g Zwiebeln, Öl zum Anbraten, 1/2 Liter trockener Weißwein, 1/2 Liter helle Fleischbrühe, 1/2 Liter Burgunder, 1/4 Liter Crème fraîche, 80 g Butter, Salz, Pfeffer, Butter und Öl

Die Kaninchenfilets von den Knochen lösen und die Sehnen abschneiden. Knochen und Sehnen beiseite legen.

Für die Sauce: Die Knochen kleinhacken, zusammen mit den gewürfelten Gemüse- und Zwiebelstücken in Öl hell anbraten, mit dem Weißwein ablöschen und mit der Fleischbrühe auffüllen, bis alles gut bedeckt ist. Rund 1 Stunde im Bräter köcheln lassen, dann durch ein Haarsieb passieren. Den Burgunder separat auf die Hälfte einkochen, die Kaninchenbrühe hinzufügen und nochmals auf 2/3 der Flüssigkeit reduzieren. Dann im Mixer mit Crème fraîche und der kalten Butter aufschlagen. Die Filetstücke schräg durchschneiden, salzen und pfeffern. In Butter und Öl rosa braten und mit der erhitzten und eventuell abgeschmeckten Sauce servieren. Dazu hausgemachte Nudeln reichen.

Kaninchenrücken im Wirsingmantel

Für die Küche ist das Wildkaninchen wertvoller als sein domestizierter Vetter, das Stallkaninchen, dessen Fleisch weniger würzig schmeckt.

4 Kaninchenrücken, 100 g Schweinefleisch, 1 Eßlöffel süße Sahne, Salz, Pfeffer, 1 kleiner Wirsing, Butter und Öl zum Anbraten, 1/2 Schweinenetz, 1/4 Liter Lemberger (oder anderer herber, kräftiger Rotwein), 1/4 Liter süße Sahne, 150 g Butter

Die Filetstücke von den Kaninchenrücken auslösen. Die Sehnen entfernen. Sehnen und Knochen für die Zubereitung von 1/4 Liter Fumet verwenden (s. Seite 50/51). Die Spitzen der Filets abschneiden. Das restliche Fleisch von den Knochen lösen und mit dem Schweinefleisch durch die feine Scheibe des Fleischwolfs drehen, anschließend durch ein Haarsieb streichen. Die Sahne hinzugeben und mit Salz und Pfeffer abschmecken. 4 Wirsingblätter in der Größe der Filetstücke blanchieren, ausbreiten und mit der Fleischmasse gleichmäßig bestreichen. Die Rückenfilets von beiden Seiten in Butter und Öl rosa braten, in die Wirsingblätter einschlagen und mit gleich großen Stücken Schweinenetz umhüllen. Mit Salz und Pfeffer abschmecken, bei 250°C im vorgeheizten Backofen 5–10 Minuten garen, nach dem Garen die Kaninchenrücken herausnehmen.

Für die Sauce: Rotwein und Fumet in den Bratsatz geben, auf die Hälfte einkochen lassen. Die Sahne hinzufügen, weiter einkochen lassen. Nun die kalte Butter mit dem Schneebesen kräftig unterschlagen und mit Salz abschmecken. Die Sauce auf die Teller geben und die Fleischportionen einmal schräg von der Mitte her durchschneiden und auf die Sauce setzen. Dazu gratinierte Kartoffeln reichen.

Königlicher Salat

Eine festliche Vorspeise für besondere Anlässe, die sich gut vorbereiten läßt und den Gästen sicher munden wird.

1 gebratenes Hähnchen,
je 50 g junger Blattspinat, Brunnenkresse,
Radicchio, Ackersalat und Eichblattsalat,
3 Eßlöffel Olivenöl, 1 Eßlöffel Obstessig,
1 Teelöffel Waldhonig, Salz, Pfeffer,
4 Geflügellebern, Butter, 1 Prise Salz,
200 g geschälte Krabben

Das Hähnchenfleisch von den Knochen lösen und in feine Tranchen schneiden. Blattspinat, Brunnenkresse, Radicchio, Ackersalat und Eichblattsalat putzen, waschen und gut abtropfen lassen bzw. trockenschleudern.

Öl, Obstessig und Waldhonig im Mixer kurz aufschlagen, mit Salz und Pfeffer abschmekken. Die Salate auf Tellern anrichten und die Salatsauce vorsichtig an den Salat geben. Die Geflügellebern in etwas Butter braten, salzen und mit den Krabben an den Salat legen.

Küken in Rotwein

Zu diesem Gericht sollen Junghühner von nicht mehr als 500 g Gewicht verwendet werden. Nehmen Sie für die Marinade am besten den Wein, den Sie auch zum Essen trinken.

4 Stubenküken.
Für die Marinade: 1 Liter Burgunder, Gemüsewürfel (Zwiebel, Sellerie, Karotte, Lauch, Schalotte), Knoblauch, 1 Thymianzweig, 1 Lorbeerblatt, 1 Nelke, 1 Bund Petersilie, 1 Eßlöffel Olivenöl.
Salz, Pfeffer, Butter und Olivenöl zum Anbraten, 4 cl Marc de Bourgogne oder Cognac, 1 Teelöffel Tomatenmark, 1 Teelöffel Mehlbutter.
Zum Garnieren: 50 g Speckstreifen, 100 g Champignonviertel, 100 g kleine Schalotten

Die Küken waschen und sorgfältig trockentupfen. Aus den angegebenen Zutaten eine Marinade zubereiten. Die 4 Küken in gleichmäßige Stücke (pro Küken 2 Brust-, 2 Keulchenteile) schneiden und 24 Stunden in die Marinade legen. Danach Kükenteile und Gemüse aus der Marinade nehmen, gut abtropfen. Die Marinade für die Sauce aufbewahren. Die Kükenstükke abtupfen, salzen und pfeffern. In Butter und Olivenöl goldbraun anbraten und mit Marc de Bourgogne flambieren. Herausnehmen und beiseite legen. Das abgetropfte Gemüse und das Tomatenmark in den Bratsatz geben, auf starker Flamme immer wieder mit etwas Marinade ablöschen. Mit der restlichen Marinade auffüllen. Die Kükenteile wieder hinzufügen und 30–40 Minuten garen. Die Stücke herausnehmen, warmstellen, die Sauce durch ein Haarsieb passieren und mit der Mehlbutter binden, nachwürzen. Die Sauce über die Fleischteile gießen. Obenauf in Butter angeschwitzte Speckstreifen, Champignonviertel und Schalotten geben. Mit Knoblauchbrot, Kartoffeln oder Nudeln servieren.

Gefüllte Küken

Beim Huhn differenziert die klassische Küche nach Küken, Hähnchen, Brathuhn, Kapaun und Masthuhn. Nicht zu vergessen ist natürlich das Suppenhuhn, das mitunter ins reife Alter von vier Jahren gerät, weil es vorher als Eierproduzent genutzt wurde.
Stubenküken sind übrigens zwei bis vier Wochen alte Vertreter der Gattung Huhn mit einem Gewicht von 250 bis 350 Gramm.

4 gerupfte Stubenküken, 4 Brötchen, Herz, Leber und Magen der Küken, 4 Eier, Salz, Pfeffer, Muskat, 1 Bund Petersilie, 1 Schweinenetz, Butter und Öl zum Anbraten, 1/4 Liter saure Sahne

Die Küken ausnehmen, Herz, Leber und Magen gründlich waschen und beiseite stellen. Die Küken innen waschen und mit Küchenkrepp abtupfen. Die Brötchen einweichen, ausdrükken und zusammen mit Herz-, Leber- und Magenteilen durch die feine Scheibe des Fleischwolfs drehen. Die Eier untermischen, würzen und die gehackte Petersilie hinzugeben. Die Küken mit der Masse füllen, mit Schweinenetz umhüllen. Rundum in Butter und Öl scharf anbraten, dann im vorgeheizten Backofen bei 220°C etwa 30 Minuten garen. Die Küken herausnehmen und warmhalten. Den Bratsatz mit Sauerrahm ablöschen, durch ein Haarsieb passieren. Mit Salz und Pfeffer abschmecken. Sauce und Küken sehr heiß mit Butternudeln reichen.

Stubenküken mit Krebsen

Huhn mit Krebsen erinnert an ein berühmtes Rezept, nämlich an *Huhn à la Marengo*. Dieser Name geht zurück auf ein kleines Dorf in der Poebene, in dessen Nähe Napoleon am 14. Juni 1800 die österreichische Armee schlug. Vor der Schlacht soll er ein Gericht verzehrt haben, das ihm sein Koch aus Huhn und Krebsen zubereitete.

4 Stubenküken, Salz, Pfeffer, Butter und Öl zum Anbraten, Gemüsewürfel (Sellerie, Karotte, Zwiebel), 1 Eßlöffel Tomatenmark, 1 Liter fettfreie Hühnerbrühe, 4 cl Cognac, 100 g Krebsbutter, 1/4 Liter Sahne, 1 cl Noilly Prat oder trockener Wermut, 12 Krebse, 1 Liter Salzwasser, 1 Messerspitze gemahlener Kümmel

Die Stubenküken würzen und in Butter und Öl von allen Seiten goldbraun anbraten. Herausnehmen und warmstellen. Das Gemüse anbraten, das Tomatenmark hinzufügen, immer wieder mit etwas Brühe ablöschen, bis nach 10–12 Minuten eine hellbraune Farbe entsteht. Mit Cognac flambieren und mit der restlichen Brühe auffüllen. Die Stubenküken wieder hineingeben, die Krebsbutter hinzufügen und 15–20 Minuten garen. Dann die Sauce durch ein Sieb passieren, die Sahne hinzufügen, mit Wermut, Salz und Pfeffer abschmecken und anrichten. Inzwischen die Krebse im mit Kümmel gewürzten Salzwasser 10 Minuten kochen und um die Küken legen. Dazu hausgemachte Nudeln servieren.

Perlhuhn in Sekt

Das Perlhuhn stammt aus Afrika und ist wie sein Verwandter, der Fasan, bei richtiger Zubereitung eine Delikatesse. Nach Europa gelangte es zunächst durch die Römer, verschwand aber hier wieder, als das römische Weltreich unterging. Seine erneute Einführung in die europäischen Küchen ist den Portugiesen zu danken, die es im 15. Jahrhundert aus Angola mitbrachten und in unseren Hühnerhöfen als Hausperlhuhn heimisch machten.

2 küchenfertige Perlhühner, Salz, Pfeffer, Butter und Öl zum Anbraten, Gemüsewürfel (Karotte, Sellerie, Zwiebel), 1/8 Liter trockener Weißwein, 1/4 Liter Wasser, 1/4 Liter Sekt, 1/8 Liter süße Sahne, 4 Eigelb, 100 g geschälte und entkernte Weintrauben

Die Perlhühner in je 4 Teile schneiden (2 Brüstchen, 2 Keulchen), salzen und pfeffern. In Öl und Butter von allen Seiten braun anbraten. Herausnehmen, das Fleisch vom Knochen lösen und warmstellen. Knochen und Gemüse zum Bratsatz geben, mit dem Weißwein mehrmals ablöschen, mit dem Wasser auffüllen. 10 Minuten kräftig kochen, durch ein Haarsieb passieren und etwas abkühlen lassen. Sekt, Sahne und Eigelb hinzufügen, mit dem Schneebesen im Wasserbad aufschlagen, mit ein wenig Salz abschmecken. Die Weintrauben hinzufügen und die Sauce über die Perlhühnchen gießen. Dazu Reis oder hausgemachte Nudeln reichen.

Perlhuhnbrüstchen im Mantel

Die Größe von Perlhühnern entspricht in etwa der von Junghähnchen. Perlhühner sollten vor der Zubereitung einige Zeit abhängen. Bei jüngeren Tieren genügen etwa drei Tage.

1 küchenfertiges Perlhuhn, Butter und Öl zum Anbraten, Gemüsewürfel (Sellerie, Karotte, Zwiebel), 1/4 Liter Weißwein, Wasser, Salz, Pfeffer.
Für die Farce: 1/2 Zwiebel, 1 Brötchen, 2 Eier, 1 Eßlöffel süße Sahne.
4 große Wirsingblätter, 1 Schweinenetz, etwas Butter zum Anbraten

Vom Perlhuhn Brüstchen und Keulen auslösen und beiseite stellen. Für die Sauce die Knochen zerkleinern, in Butter und Öl braun anbraten, das Gemüse hinzufügen. Mit dem Weißwein eßlöffelweise ablöschen und knapp mit Wasser auffüllen. 30–40 Minuten kochen lassen, dann durch ein Sieb geben und würzen, warmstellen. Keulenfleisch, angedünstete Zwiebel und das in Wasser eingeweichte, ausgedrückte Brötchen durch die feine Scheibe des Fleischwolfs drehen. Eier und Sahne untermengen, mit Salz und Pfeffer abschmecken. Die beiden Perlhuhnbrüstchen halbieren, salzen und pfeffern. 5 Minuten in etwas Butter rosa braten. Anschließend das Fleisch mit der Farce umhüllen und in die blanchierten Wirsingblätter einschlagen. Alles in das Schweinenetz wickeln und im vorgeheizten Backofen etwa 20 Minuten bei 220° C braten. Schräg in drei Teile tranchieren. Die Sauce abschmecken, auf eine Servierplatte gießen und darauf das Fleisch anrichten. Dazu hausgemachte Nudeln reichen.

Perlhuhnsalat

Das Perlhuhn verdankt seinen Namen der hübschen Zeichnung des Gefieders, das auf dunklem Grund zahllose weiße, nahe beieinanderliegende Punkte aufweist. Wie sie entstanden, deutet die griechische Sage. Nach dem Tod des Königssohnes Meleagros waren dessen Schwestern so untröstlich, daß sie von mitleidigen Göttern in Perlhühner verwandelt wurden. Die weißen Punkte im Federkleid sollen ihre Tränen sein, die als Tropfen haften blieben.

1 küchenfertiges Perlhuhn, Salz, Pfeffer, Öl,
4 Tomaten, 200 g Champignons,
100 g feine grüne Bohnen.
Für die Salatsauce:
2 Teelöffel Weinessig, 2 Eßlöffel Öl,
1 Prise Zucker.
4 Scheiben Gänsestopfleber (nach Belieben)

Das Perlhuhn salzen und pfeffern, im vorgeheizten Backofen in Öl etwa 15–20 Minuten bei 220° C rosa braten. Die Tomaten abziehen, entkernen, in Achtel schneiden, die Champignons vierteln oder achteln, damit sie zur Größe der Tomatenstücke passen. Die Bohnen in Salzwasser kernig kochen. Aus Essig, Öl, einer Prise Zucker und Salz eine Marinade herstellen und unter die Tomatenachtel, Champignons und Bohnen heben. Den Salat auf der Tellermitte anrichten, das Perlhuhn auslösen und Fleischtranchen von Brust und Keule um den Salat legen. Gebratene Gänseleberscheiben nach Belieben dazu reichen.

Poularde in der Salzkruste

Ein im ganzen gebratenes Stück Geflügel wirkt auf dem Tisch immer besonders attraktiv, vor allem, wenn es sich zunächst unter einer Kruste verbirgt, die erst am Tisch geöffnet wird. Auf die Größe kommt es dabei nicht unbedingt an – obwohl ein knuspriger, mehrere Kilogramm schwerer Vogel schon ein Augenschmaus für sich ist.

Für 2 Personen:
1 kleine küchenfertige Poularde, Salz, Pfeffer, 1 Lorbeerblatt, 1 Rosmarinzweig, 300 g Geflügelleber, 500 g grobes Salz, 500 g Mehl, 1/10 Liter Wasser

Die Poularde mit Zwirn so zusammenbinden, daß die ursprüngliche Form wieder hergestellt wird. Nur innen salzen und pfeffern. Lorbeerblatt, Rosmarinzweig und die Geflügelleber in die Poularde einfüllen. Aus dem groben Salz, Mehl und Wasser eine geschmeidige Masse herstellen und die Poularde damit gleichmäßig bestreichen. Bei 150° C im vorgeheizten Backofen 1 1/2 Stunden garen. Die Salzkruste in der Mitte mit dem Sägemesser rundherum aufschneiden. Die Poularde auftragen. Am Tisch die beiden Salzdeckelhälften ablösen, die Poularde aufschneiden. Die Leber ebenfalls herausnehmen und aufschneiden. Dazu frische Salate servieren.

Poulardenbrust überbacken

Poularden sind Junghühner, die nach einem besonderen Rezept gemästet und im Alter von 7–8 Monaten geschlachtet werden.

4 Poulardenbrüstchen, Salz, Pfeffer, Butter und Öl zum Anbraten, 2 Scheiben Weißbrot ohne Kruste, 1/2 Teelöffel Dijon-Senf, 1/2 Teelöffel gehackte Kräuter, 20 g Butter, 1 Schalotte, etwas Butter zum Anbraten, 100 g Champignons, 4 Tomaten, Blätter einer Sellerieknolle, Fritierfett

Die Poulardenbrüstchen (kleine Flügelknochen nicht entfernen) salzen und pfeffern, in Butter und Öl im Bräter auf dem Herd etwa 10 Minuten rosa braten. Herausnehmen und warmstellen. Aus Weißbrotkrumen, dem Senf, den gehackten Kräutern und der schaumig gerührten Butter und ein wenig Salz eine Paste herstellen und sie auf die Hautseite der Brüstchen etwa 1/2 cm dick gleichmäßig aufstreichen. Im vorgeheizten Backofen etwa 5 Minuten bei 220°C überbacken, damit eine schöne Kruste entsteht, herausnehmen und warmstellen. Den Bratsatz entfetten, die Butter hinzufügen und darin die feingewürfelte Schalotte anschwitzen. Die kleingeschnittenen Champignons und die abgezogenen, entkernten und in Würfel geschnittenen Tomaten hinzufügen, mit Salz abschmecken. Die überbackenen Brüstchen schräg in je 2 Teile schneiden, auf die Sauce legen. Die Sellerieblätter in der Friteuse bei 160–170°C fritieren, mit einer Prise Salz würzen und auf die angerichteten Brüstchen geben.

Putenroulade auf Kresseschaum

Von den Puten sagte der große Feinschmecker Jean Anthèlme Brillat-Savarin (1755–1826), sie gehörten zu den besten Gaben der Neuen Welt. Im Zuge der spanischen Eroberung Mexikos im 16. Jahrhundert lernten die Konquistadoren diese großen Vögel kennen, die schon die Azteken schätzten.

1 Putenbrust, 50 g durchwachsenes Schweinefleisch, 4 Eiswürfel, 400 g Sahne, Salz, Pfeffer, etwas Butter zum Einfetten, Alufolie, 100 g Blattspinat oder Mangold, 1/2 Liter salzlose, entfettete Hühnerbrühe, Salzwasser, 40 g Butter, 1/8 Liter süße Sahne, 50 g gehackte Kresse, Kresse zum Garnieren

Die Putenbrust auslösen, das Brustfilet beiseite legen. Die Brust seitlich einschneiden und aufklappen, dann flachklopfen und quadratisch zuschneiden. Die übrig gebliebenen Fleischstücke und das Schweinefleisch durch die feine Scheibe des Fleischwolfs drehen, danach in den Mixer geben. Eiswürfel und Sahne unterrühren und abschmecken. Die flachgeklopfte Brust auf eine mit Butter eingefettete Alufolie legen, salzen und pfeffern und die Farce etwa 1–2 cm dick auf die Brust streichen. Das zurückbehaltene Brustfilet in blanchierten Blattspinat einschlagen, auf die Farce legen und alles mit der Folie als Mantel zu einer Rolle formen, die Enden gut verschließen. In Salzwasser etwa 15–18 Minuten garen, warmstellen. Die Hühnerbrühe auf die Hälfte einkochen, im Mixer mit der kalten Butter und der Sahne aufschlagen. Die gehackte Kresse hinzufügen. Sauce kurz erhitzen und auf die Teller gießen. Die Roulade aus der Folie nehmen, in 1–2 cm dicke Scheiben schneiden, auf die Sauce legen. Mit Kresse garnieren. Dazu hausgemachte Nudeln reichen.

Putenschnitzel mit Zitronensauce

Ob Puter, Truthahn oder Pockerl – gemeint ist immer das aus Amerika stammende und zu den Hühnervögeln gehörende Tier, das ein Gewicht von mehr als 20 kg erreichen kann. Über sein Fleisch gehen die Meinungen der Gourmets auseinander. Die einen bevorzugen das helle, zarte Fleisch der Brust, die anderen das dunklere, im Geschmack kräftigere vom Schenkel.

1 Putenbrust, Salz, 1/2 Teelöffel Öl, 1/2 Teelöffel Butter, 1/2 ungespritzte Zitrone, 1/4 Liter süße Sahne, 40 g Butter, Zucker, Salz und Pfeffer

Aus der Putenbrust 4 Schnitzel schneiden und etwas flachklopfen. Mit Salz leicht würzen, in Öl und Butter braten. Die Schnitzel herausnehmen und warmstellen. Die Zitrone auspressen. Den Bratsatz mit dem Zitronensaft ablöschen, durch ein Haarsieb passieren. Mit der Sahne und der kalten Butter im Mixer aufschlagen und mit Zucker abschmecken. Nun die Zitronenschale in sehr feine Streifen schneiden und zweimal in kochendem Wasser blanchieren. Die Sauce erhitzen, Zitronenstreifen hinzufügen und über die Putenschnitzel gießen. Mit Salz und Pfeffer abschmecken und mit Nudeln servieren.

Salz

Rebhuhn Winzerin Art

„Rebhuhn, schon wieder Rebhuhn auf dem Tisch", soll einst ein König gestöhnt haben. Mittlerweile ist das kleine Feldhuhn gebietsweise selten geworden. Daher sollte man zugreifen, wenn es in Wildhandlungen angeboten wird.

4 Rebhühner, 2 Brötchen, 1 Ei, etwas Butter zum Andünsten, 1 Schalotte, 1 Eßlöffel Petersilie, Salz, Muskat, 4 Weinblätter, schwarzer Pfeffer, 250 g Speckscheiben, 1 Eßlöffel Öl, 1/2 Liter Rotwein, 600 g fertiges Weinsauerkraut, 60 g Butter, 200 g Weintrauben, 2 Scheiben Weißbrot

Die küchenfertigen Rebhühner innen mit einem Leinentuch abtupfen. Leber von der Galle trennen und durch die feine Scheibe des Fleischwolfs drehen. Die Brötchen in kleine Würfel schneiden, mit dem Ei, der gewürfelten, in Butter gedünsteten Schalotte und der gehackten Petersilie mischen, würzen. Die Masse in die Rebhühner füllen, die Öffnung mit einem Weinblatt verschließen. Die Rebhühner salzen und pfeffern, mit Speckscheiben umwickeln und mit Bindfaden dressieren. Im Bräter auf dem Herd in Öl anbraten und im vorgeheizten Backofen bei 220°C 15–18 Minuten außen knusprig und innen rosa garen. Zwischendurch mit Rotwein ablöschen. Die Rebhühner herausnehmen und warmstellen. Den Bratsatz mit dem restlichen Rotwein nochmals kurz aufkochen, durch ein Sieb passieren und abschmecken. Den Bindfaden entfernen und die Rebhühner auf dem Weinsauerkraut anrichten. Die abgezogenen und entkernten Weintrauben in Butter schwenken. Mit den gerösteten Weißbrotwürfeln auf die Rebhühner geben. Mit der heißen Sauce und Kartoffelpüree reichen.

Gefüllte Rehkeule

Auch für Rehfleisch gilt wie für alles Wild, das im ganzen Stück gekauft wird, daß es mehrere Tage kühl abhängen soll.

Farce: 125 g Rehfleisch, 50 g Kalbfleisch, 25 g Schweinefleisch, 2 cl Wacholderschnaps, 3 Wacholderbeeren, 1 Prise Muskatblüte. 2 dl süße Sahne, je 20 g Pinienkerne und Pistazien, 20 g gekochter Schinken in Würfeln, 8 g Salz. Etwa 1 kg Rehkeule, Salz, Pfeffer, Schweinenetz, Öl, Gemüsewürfel (Karotte, Sellerie, Zwiebel), 1 Teelöffel Tomatenmark, 1/2 Liter trockener Weißwein, 1 Lorbeerblatt, 1 Nelke, 5 Wacholderbeeren, Salz, Pfeffer, 1 Prise Zucker, 1/4 Liter süße Sahne, 1/4 Liter Crème fraîche, 100 g Hagebuttenmark, 50 g Butter

Reh-, Kalb- und Schweinefleisch mit Wacholderschnaps, zerdrückten Wacholderbeeren und Muskatblüte 12 Stunden an einem kühlen Ort stehen lassen. Fleisch durch die feine Scheibe des Fleischwolfs drehen, in den Mixer geben und die Sahne nach und nach unterziehen. Die zerkleinerten Nüsse und den Schinken untermengen, salzen, kühlstellen. Die Röhrenknochen aus der Rehkeule lösen, ohne das Fleisch zu zerschneiden. Die Rehkeule mit der Farce füllen, würzen, in ein Schweinenetz einschlagen. In Öl scharf anbraten, die zerkleinerten Rehknochen zugeben. Mit etwas Wasser ablöschen und im vorgeheizten Backofen bei 220° C 20 Minuten garen, häufig mit Wasser begießen. Herausnehmen, warmstellen. Gemüsewürfel und Tomatenmark zum Bratsatz geben und bräunen. Mit dem Weißwein immer wieder ablöschen. Gewürze und Zucker hinzufügen, kräftig durchkochen und durch ein Sieb passieren. Die Sauce im Mixer mit Sahne, Crème fraîche, Hagebuttenmark und der kalten Butter durchrühren, abschmecken und kurz erhitzen. Die Rehkeule in etwa 1 cm dicke Scheiben schneiden. Mit der Sauce anrichten.

Wacholder-
Schnaps

Rehkotelett mit Hagebuttensauce

Das Reh liefert Fleisch vom feinsten. Es ist rotbraun, besonders saftig und zart und benötigt bei der Zubereitung in der Regel weniger Zeit als ein anderer Wildbraten. Das trifft allerdings nur für das Fleisch junger, ein- bis zweijähriger Tiere zu.

1 kg Rehrücken, Öl, 1/4 Liter trockener Weißwein, 1/4 Liter Wasser, Salz, 20 g Butter, 20 g Hagebuttenmark

Aus dem Rehrücken Koteletts schneiden (2 Rippen breit) und je einen Knochen aus den Koteletts lösen, so daß nur eine Rippe stehenbleibt. Die Sehnen entfernen und für die Sauce aufbewahren. Die übriggebliebenen, zerkleinerten Knochen und die Sehnen in etwas Öl im Backofen rund 20 Minuten bei 220°C bräunen, zwischendurch eßlöffelweise mit dem Weißwein ablöschen, bis alles schön braun gefärbt ist. Mit dem restlichen Wein und Wasser auffüllen, weitere 15 Minuten kochen. Die Koteletts salzen und in Butter 3–5 Minuten rosa braten, warmstellen. Dann den Fumet durch ein Haarsieb schütten und zum Bratsatz der Koteletts geben. Hagebuttenmark hinzufügen, nochmals kurz aufkochen lassen. Etwas Sauce auf die Teller geben, die Rehkoteletts darauflegen und mit Schupfnudeln servieren.

Rehleber auf Pfifferlingen

Rehleber gilt als besondere Delikatesse – ganz gleich, nach welchem Rezept sie zubereitet wird. Allerdings ist sie im Handel nur schwer zu bekommen, weil sie nach uraltem Brauch zum „Jägerrecht" gehört. Dieser Begriff stammt aus der Waidmannssprache und weist darauf hin, daß dem Erleger eines Stück Wildes neben der Trophäe auch das *Geräusch* zusteht. In der jagdlichen Terminologie versteht man darunter Herz, Lunge, Leber und Nieren des Schalenwildes, die ein erfolgreicher Schütze in der Regel der eigenen Küche zuführt.

300 g Pfifferlinge, 1/2 Schalotte, Knoblauch, 25 g Butter, Salz, Pfeffer, 5 Eßlöffel süße Sahne, 20 g gekochter Schinken, 1/2 Teelöffel Schnittlauch, 400 g Rehleber, 2 Eßlöffel Mehl, Butter und Öl zum Anbraten, schwarzer Pfeffer

Die Pfifferlinge putzen, waschen und abtropfen lassen, größere Pilze halbieren oder vierteln. Die feingeschnittene Schalotte mit etwas Knoblauch in Butter anschwitzen. Die Pilze hinzufügen und kurz andünsten. Mit Salz und Pfeffer abschmecken, mit der Sahne ablöschen und 3–5 Minuten weiterdünsten. Kurz vor dem Servieren den gewürfelten Schinken und den gehackten Schnittlauch unterheben, abschmekken, warmstellen. Die Leber in knapp 1 cm starke Scheiben schneiden, in Mehl wenden und in Butter und Öl von jeder Seite rosa braten. Salzen und pfeffern, die Leber an die Pfifferlinge legen und sofort servieren.

Pfeffer

Rehnüßchen in Armagnac

„Das Essen ist einer der vier Zwecke des Daseins. Welche die drei anderen sind, darauf bin ich noch nicht gekommen." Diese Worte können nur von einem Franzosen stammen, vom Schriftsteller und Staatstheoretiker Charles de Montesquieu, der anfangs des 18. Jahrhunderts lebte.

1,2 kg Rehbrückenfleisch (Sattel),
1/8 Liter Armagnac, 150 g Butter,
Gemüsewürfel (Sellerie, Zwiebel, Karotten),
1/2 Liter Rotwein, Salz, Pfeffer

Den Rehrücken auslösen, Sehnen, Haut und Fett entfernen. Das Rehfleisch in gleichmäßige Nüßchenstücke, etwa 2 cm breit, schneiden. Die Rehnüßchen 3–4 Stunden in den Armagnac einlegen. Die Knochen kleinhacken, in etwas Butter anbraten, die Gemüsewürfel dazugeben, mit Rotwein ablöschen. Dann die Rehnüßchen aus dem Armagnac nehmen, Armagnac beiseite stellen. Die Nüßchen abtropfen lassen. In der restlichen Butter in einer Pfanne braten. Auf einer Platte anrichten, warmstellen. Mit dem Armagnac den Bratfond ablöschen, den Rotweinfond zugeben, zur Hälfte einkochen lassen, mit Salz und Pfeffer abschmecken. Dazu einen Rosé servieren.

acquit jaune
d'or

Marinierte Rehrücken-scheibchen

Da Rehe bei ihrer Nahrungsaufnahme besonders wählerisch vorgehen und sich nur mit dem Feinsten vom Feinen zufriedengeben, eignet sich ihr zartes Fleisch in Verbindung mit einer würzigen Marinade auch in rohem Zustand zum Verzehr.

Versuchen Sie, das Rehrückenfleisch möglichst dünn zu schneiden. Dies gelingt am besten, wenn Sie das Fleisch vor dem Schneiden kurz anfrieren.

200 g Rehrücken, ausgelöst und ohne Sehnen. Für die Marinade: 1 Schalotte, schwarzer Pfeffer, 3 Eßlöffel Olivenöl, einige Tropfen Zitronensaft, wilde Kräuter (z. B. Thymian, Bärlauch, Pimpinelle, Schafgarbe, Wiesenschnittlauch), etwas Meersalz, 1 Tomate zum Garnieren

Das möglichst im Tiefkühlgerät angefrorene Rehfleisch in hauchdünne Scheibchen schneiden. Aus den angegebenen Zutaten eine Marinade zubereiten. Einige Kräuter zum Garnieren zurückbehalten. Die Rehrückenscheiben auf die Teller geben, mit der Marinade begießen. Einige Kräuter an den Tellerrand legen. Vor dem Servieren etwas Meersalz und nach Belieben Kräuter aufstreuen. Hübsch garnieren und sofort servieren.

Rehschäufele in Trollinger

Hinsichtlich Genußwert und Preis liegen beim Reh der Rücken an erster, die Keulen an zweiter und die Blätter, also die Schultern, an dritter Stelle.

4 kleine Rehschäufele (Schulterblatt, zusammen 1,5 kg), Salz, schwarzer Pfeffer, Öl zum Anbraten, Gemüsewürfel (Sellerie, Karotten, Zwiebel), 1 Teelöffel Tomatenmark, 1/2 Liter Trollinger (oder anderer trockener vollmundiger Rotwein), 3/4 Liter Fleischbrühe, 1/2 Lorbeerblatt, 1 Nelke, 6 zerstoßene Wacholderbeeren, 1/8 Liter süße Sahne, 80 g Butter

Die Rehschäufele von Haut und Sehnen befreien, salzen und pfeffern. In Öl scharf anbraten, damit sich die Poren schließen, herausnehmen und beiseite stellen. Haut und Sehnen in den Bratsatz geben, in Öl scharf anbraten, Gemüsewürfel und Tomatenmark zufügen. Etwa 20 Minuten im auf 220°C vorgeheizten Backofen braten, bis eine schöne braune Farbe entsteht, zwischendurch eßlöffelweise mit dem Wein ablöschen. Mit dem restlichen Wein und der Fleischbrühe auffüllen. Die Gewürze zufügen, die Schäufele ebenfalls hinzugeben und 40–50 Minuten bei 220°C garen (Gabeltest). Die Schäufele herausnehmen, die Knochen vorsichtig lösen. Die Knochen auf eine Servierplatte legen, das Fleisch in 3–4 cm dicke Scheiben schneiden und darauflegen, warmstellen. Inzwischen die Sauce durch ein Sieb geben, weiterkochen, bis rund 1/4 Liter Flüssigkeit übrig ist. Die Sahne hinzufügen, einkochen, bis die Sauce sämig ist, kalte Butter mit dem Schneebesen unterrühren und die Sauce über das Fleisch gießen. Als Beilage Weckenknöpfle oder Kroketten und süßsaure Trauben.

Rehsteak Märchenwald

Wenn vom Steak die Rede ist, denkt man in erster Linie an saftige und dicke Fleischstücke vom Rind – und an Amerika, von wo es einen Siegeszug durch alle guten Restaurants der Welt antrat. Inzwischen wird Lamm, Kalb, Schwein oder Wild jedoch nach den gleichen Prinzipien behandelt, das heißt, bei hohen Anfangstemperaturen kurz angebraten und danach zum gewünschten Garzustand gebracht.

150 g Heidelbeeren, 1/8 Liter süße Sahne,
40 g Zucker, etwas Zitronenschale,
4 Rehsteaks aus der Keule (je 160–180 g),
Butter und Öl zum Anbraten,
6 cl Waldhimbeergeist, 20 g Pistazien

Die Heidelbeeren mit der Sahne, dem Zucker und der geriebenen Schale der ungespritzten Zitrone etwa 10 Minuten einkochen, bis eine sämige Sauce entsteht. Die Sauce warmstellen. Die Rehsteaks in Butter und Öl von beiden Seiten je 1 Minute rosa braten, anrichten. Himbeergeist zur Sauce geben, einmal durchrühren und über das Fleisch gießen. Die grobgehackten Pistazien ohne Fett etwa 2–3 Minuten in der Pfanne rösten und auf die Sauce geben. Dazu Mandelkroketten servieren.

Gebratene Täubchen mit Thymian

Beim Kauf der Tauben sollte man darauf achten, junge Vögel zu erwerben. Ihr Fleisch ist besonders fein und zart. Man erkennt sie an den dicken Schnäbeln, der hellen Haut und den biegsamen Knochen.

4 junge bratfertige Tauben, Salz, Pfeffer,
80 g Butter und Olivenöl zum Braten,
2 Schalotten, 1/4 Liter trockener Weißwein,
1 Knoblauchzehe, Thymian,
1 Eßlöffel Wasser, 60 g Butter

Die Tauben jeweils in zwei Brust- und zwei Keulchenteile schneiden, salzen und pfeffern und in Butter und Öl 10 Minuten rosa und knusprig braten. Herausnehmen und warmstellen. Im Bratsatz die feinwürfelig geschnittenen Schalotten andünsten, mit dem Weißwein ablöschen. Knoblauch, Thymian und Wasser zugeben. Auf die Hälfte einkochen lassen und durch das Haarsieb passieren, danach im Mixer mit der Butter verquirlen. Anschließend nochmals kurz erhitzen, abschmecken und heiß über die Tauben gießen. Dazu frisches Gemüse servieren.

Gefüllte Täubchen

Geflügel jeder Art bietet die ideale Voraussetzung für Füllungen. Es muß nicht erst ein Hohlraum geschaffen werden – die Natur liefert ihn gleich mit.

4 Tauben. Für die Füllung:
100 g Geflügelfleisch, 1/4 Zwiebel, etwas Butter zum Andünsten, 1 Brötchen, 100 g Kalbsbries, 4 Taubenlebern, angebraten und in Würfel geschnitten, 50 g Apfelwürfel, 2 Eier, Salz, Muskat.
1/8 Liter trockener Weißwein, 1 Eßlöffel Crème fraîche, 2 Scheiben Weißbrot, 20 g Butter

Die Tauben vom Rücken der auslösen, die mittleren Knochenteile entfernen, ebenso die Innereien. Flügel und Keulenknochen belassen, die nußgroße Leber zur Seite stellen.
Für die Füllung: Geflügelfleisch, in Butter angedünstete und abgekühlte Zwiebel, das eingeweichte und ausgedrückte Brötchen durch die feine Scheibe des Fleischwolfs drehen. Die blanchierten Kalbsbriesstückchen, die angebratenen und gewürfelten Taubenlebern, Apfelwürfel und Eier dazugeben und alles zu einer Farce vermengen. Mit Salz und Muskat abschmecken. Mit dieser Masse die Tauben so füllen, daß sie wieder ihre alte Form erhalten. Zusammen mit den Taubenknochen etwa 25 Minuten bei 220°C im vorgeheizten Backofen braten. Dabei sollten die Tauben am besten auf dem Rücken liegen. Die Tauben herausnehmen und warmhalten. Den Bratsatz mit dem Wein ablöschen. Crème fraîche hinzufügen, abschmecken und an die Täubchen gießen. Aus dem Weißbrot kleine runde Scheiben ausstechen. In Butter braten und zu den Tauben legen.

Terrine von Hirsch und Reh

Hervorragend begleitet wird diese Terrine von einer Cumberlandsauce, für die 1 Schalotte, 150 g Johannisbeergelee, 2 cl roter Portwein, Saft und Streifen einer unbehandelten Orange und Zitrone und 1 Eßlöffel englischer Senf miteinander gemischt und aufgekocht werden. Danach kühlstellen und kalt servieren.

Für 8–10 Personen: 500 g Hirschfleisch aus der Keule, 100 g durchwachsenes Schweinefleisch, 100 g Kalbfleisch, 4 Eiswürfel, 500 g süße Sahne, 18 g Salz, 4 cl Wacholderschnaps.
Für die Einlage: 1 Eßlöffel Pistazien, 1 Eßlöffel Haselnüsse, 1 Eßlöffel gewürfelte Zunge, 1 Eßlöffel gewürfelter frischer Speck, Pfeffer. 150 g frischer Speck, 150 g Rehfilet, 8–10 blanchierte Spinatblätter

Das Fleisch nacheinander durch die feine Scheibe des Fleischwolfs drehen, die Masse im Mixer nach und nach mit den Eiswürfeln und der Sahne verarbeiten. Salz und Wacholderschnaps hinzufügen. Zum Schluß die Zutaten der Einlage unterheben und mit Pfeffer abschmecken. Eine große Terrine mit hauchdünn geschnittenen Speckstreifen rundum auslegen und mit der Hälfte der Fleischmasse füllen. Die Rehfilets in die blanchierten Spinatblätter einhüllen und längs auf die Füllung legen. Die restliche Füllung darübergeben, obenauf die restlichen Speckscheiben legen. Die geschlossene Terrine zum Garen im Wasserbad 50–60 Minuten in den auf 150°C vorgeheizten Backofen geben. Gut abkühlen lassen. Die Terrine in 1 cm starke Scheiben schneiden und mit Cumberlandsauce und Apfelsalat servieren.

Truthahnklößchen in Currysahne

Als die Spanier im Zuge der Entdeckungsfahrten des Christoph Columbus neue und fremdartige Kulturen eroberten, gelangte um 1520 auch ein farbenprächtiger Vogel nach Europa: der Truthahn. In Mittelamerika war der schwerste aller Hühnervögel zu jener Zeit neben dem Hund das einzige Haustier und wurde dort auch bei Opferungen geschlachtet.

2 Truthahnkeulen (etwa 1 kg zusammen), 100 g Schweinefilet, 2 Brötchen, 1 Zwiebel, etwas Butter, 2 Eier, 1/4 Liter süße Sahne, Salz, 1/2 Zwiebel, 1 Nelke, 1 Lorbeerblatt, 1 Teelöffel Kurkuma, 1 Messerspitze Curry, 2 Eßlöffel Mehlbutter, 1 Prise Zucker, 1 Apfel, 1 Birne, 1 Banane, 2 Scheiben Ananas, 2 Eßlöffel gehobelte Mandeln

Die Truthahnkeulen auslösen. Sehnen und Haut entfernen, mit den Knochen für die Brühe aufheben. Keulen- und Schweinefleisch, die eingeweichten und ausgedrückten Brötchen, die in Butter angeschwitzte gewürfelte Zwiebel durch die feine Scheibe des Fleischwolfs drehen. Durch ein Sieb streichen, mit Eiern und der Hälfte der Sahne gut vermengen, mit Salz abschmecken und kaltstellen. Aus Knochen, Haut und Sehnen rund 1 1/2 Liter Brühe kochen. Das Lorbeerblatt und die Nelke in die Zwiebelhälfte stecken, zur Brühe geben, salzen. Aus der kalten Farce runde Klößchen von etwa 3 cm Durchmesser formen und etwa 12 Minuten in der Brühe garen. Die Klößchen herausnehmen und warmstellen. Die Brühe einkochen. Kurkuma und Curry hinzufügen, glattrühren. Die Sauce mit der Mehlbutter binden, die restliche Sahne hinzufügen und mit Zucker abschmecken. Die geschälten und gewürfelten Früchte dazugeben. Die Klößchen anrichten und die Sauce angießen. Die Mandeln rösten und darüberstreuen. Mit Reis servieren.

Truthahnterrine

Die Nouvelle Cuisine hat Terrinen und Pasteten aller Art zu neuem Glanz und Ansehen verholfen. Die meisten Rezepte der feinen Terrinen sind freilich schon uralt; ähnliche Zubereitungen finden sich schon in den ältesten Klosterkochbüchern. Geändert haben sich lediglich die Zutaten und die Würzverfahren.

250 g Truthahnfleisch, 50 g Schweinefleisch, 50 g Kalbfleisch, 2 Eiswürfel, 1/4 Liter süße Sahne, Salz, 50 g Schinkenwürfel, 30 g Pistazien, 100–150 g frischer Speck, 100 g Truthahnbrust, 50 g Blattspinat

Das Fleisch durch die feine Scheibe des Fleischwolfs drehen, in den Mixer geben und langsam Eiswürfel und die gekühlte Sahne unterarbeiten, dann das Salz hinzufügen. Die Fleischfarce durch ein Haarsieb streichen, Schinkenwürfel und kleingehackte Pistazien hinzufügen. Mit der Hälfte der hauchdünn geschnittenen Speckscheiben eine kleine feuerfeste Terrine für etwa 500 g rundum auslegen. Zur Hälfte mit der Farce füllen. Bitte dicht einfüllen – es dürfen keine Hohlräume bleiben. In die Mitte die Truthahnbrust, eingewickelt in blanchierten Blattspinat, legen. Darauf die restliche Fleischfarce geben, mit den restlichen Speckscheiben abdecken. Die geschlossene Terrine im Wasserbad bei 150° C im vorgeheizten Backofen etwa 45 Minuten garen. Dann gut abkühlen lassen, die Form stürzen, Terrine in 1 cm dicke Scheiben schneiden und mit Hagebuttenmark, Toast und Butter als delikate Vorspeise servieren.

Wachteln im Gemüsenest

Leider ist das rebhuhnähnliche, aber kleinere Federwild freilebend bei uns schon recht selten geworden. Wachteln genießen daher ganzjährige Schonzeit. Für die Küche kommen die Vögel heute aus Volieren (Freigehegen) oder aus Ländern, in denen sie in ihrem Bestand noch nicht gefährdet sind.

8 kleine oder 4 größere bratfertige Wachteln, 1 Bund Zitronenthymian, Salz, Pfeffer, Butter und Öl zum Anbraten, 100 g grüne Bohnen, 100 g Spargel, 100 g Kaiserschoten, 100 g Karottenstäbchen, 20 g Butter, 1 Eßlöffel feingewürfelte Schalotten, 5 cl trockener Weißwein

In die bratfertigen Wachteln einige Thymianblättchen geben, salzen und pfeffern. In Butter und Öl anbraten und bei 220°C 20–25 Minuten im vorgeheizten Ofen rosa garen. Das geputzte Gemüse in ausreichend Salzwasser kernig kochen und in der zerlassenen Butter schwenken. Warmstellen. Keule und Brüstchen der Wachteln lösen, ebenfalls warmstellen. Die Schalottenwürfel in den Bratsatz geben, mit dem Weißwein ablöschen. Mit Wasser auffüllen, alles einkochen lassen, durch ein Sieb passieren. In den Mixer geben, die kalte Butter und ein paar Thymianblättchen dazugeben, mit Salz und Pfeffer abschmecken. Nun das Gemüse auf dem Teller anrichten, Wachtelkeulen und -brüstchen darauflegen. Mit der heißen Sauce umgießen und dazu Tomatennudeln servieren.

Gefüllte Wachteln

Nicht nur die Wachteln, sondern auch die Wachteleier gelten bei uns als Delikatesse. Sie können Wachteleier entweder frisch oder konserviert in Gläsern kaufen. Ritzen Sie die feine Schale vorsichtig mit einem Messer ein, dann lassen sie sich gut aufklappen.

Für die Füllung: 150 g Geflügelleber, 100 g Geflügelfleisch, 1/4 Zwiebel, etwas Butter zum Andünsten, 1 Brötchen, 100 g Kalbsbries, 50 g Apfelwürfel, 2 Eier, Salz, Muskat. 4 küchenfertige Wachteln, 1/8 Liter Weißwein, 1 Eßlöffel süße Sahne, 2 Scheiben Weißbrot, 20 g Butter, 4 Wachteleier

Für die Füllung: Die Geflügelleber kurz anbraten und würfeln. Geflügelleber und Geflügelfleisch, die angedünstete und abgekühlte Zwiebel und das eingeweichte, gut ausgedrückte Brötchen durch die feine Scheibe des Fleischwolfs drehen, die blanchierten Kalsbriesstückchen, Apfelwürfel und Eier hinzugeben und mit dem Rührlöffel gut vermengen. Mit Salz und Muskat gut abschmecken. Die Wachteln vom Rücken her auslösen, Flügel- und Keulenknochen aber nicht entfernen. Die Fleischmasse in die Wachteln füllen und die Vögel gut verschließen, damit sie ihre Form behalten. Nun auf dem Rücken mit den Wachtelknochen etwa 25 Minuten bei 200–220°C im vorgeheizten Backofen braten. Herausnehmen und warmstellen. Den Bratsatz mit Weißwein ablöschen, die Sahne hinzufügen, abschmecken und die Sauce an die Wachteln gießen. Aus dem Weißbrot runde Scheiben ausstechen, in Butter anbraten. Wachtelspiegeleier braten, zusammen mit den Weißbrotscheiben an die Wachteln legen. Dazu Weißbrot reichen.

Wachtelkraftbrühe

Von den Hühnervögeln, die dem Jagdgesetz unterliegen, ist die Wachtel der einzige Zugvogel. Im Herbst schart sie sich zu größeren Flügen zusammen und zieht ins nördliche Afrika.

8 Wachteln.
Für die Einlage: 1 Karotte,
1 kleine Sellerieknolle, 1 Stange Lauch.
Für die Brühe: 1 Zwiebel, 1 Thymianzweig,
Petersilieblättchen, Salz, weißer Pfeffer,
2 cl Armagnac

Die Wachteln ausnehmen und waschen. Die Brüstchen auslösen, in sehr feine Scheiben schneiden und zur Seite stellen.

Für die Einlage: Karotte und Sellerie in feine Blättchen schneiden, vom Lauch nur das Hellgrüne in Scheiben schneiden. Anschließend das Gemüse beiseite stellen und die Gemüseabfälle aufbewahren. Die Wachteln kurz in siedendes Wasser geben. Dann unter fließend kaltem Wasser abkühlen, anschließend mit Wasser bedeckt langsam zum Kochen bringen. Die gewaschene Zwiebel ungeschält halbieren und ohne Fett in der Pfanne bräunen. Zwiebel zusammen mit den Resten von Karotte, Sellerie und Lauch, dem Thymianzweig und den Petersilieblättchen zur Wachtelbrühe geben, mit Wasser bedeckt bei schwacher Hitze etwa zwei Stunden leise köcheln lassen. Danach die Brühe durch ein Sieb schütten, mit Salz, Pfeffer und Armagnac abschmecken.

Die vorbereiteten Gemüseblättchen blanchieren und mit den rohen Wachtelbruststreifen in vorgewärmte tiefe Teller geben. Mit der noch einmal kräftig erhitzten Wachtelkraftbrühe übergießen. Sofort servieren.

NAPOLE
plus que 6 ans d'âge
Armagn
APPELLATION ARMAGNAC CONTRÔLÉ

Wachtel-Mousseline

Ein österreichisches Küchenlexikon des vorigen Jahrhunderts teilt mit, daß dort etwa 90 000 Wachteln jährlich verzehrt wurden. Damals wurde den Wachteln mit Schlinge, Netz und Gewehr nachgestellt – diese Zeiten sind heute vorbei.

2 große Wachteln, Salz, schwarzer Pfeffer, Butter und Öl zum Anbraten, 1 Teelöffel Cognac, 1 Teelöffel trockener Sherry, 2 Blatt Gelatine, 1 dl Muskateller, Gemüsewürfel (Sellerie, Karotte, Zwiebel), 1 Teelöffel Tomatenmark, 2 Wacholderbeeren, Mehlbutter (aus 10 g Butter und 8 g Mehl), 1/4 Liter süße Sahne, 1 kleine schwarze Trüffel

Das Fleisch der Wachteln auslösen, salzen und pfeffern, die Knochen aufbewahren. Das Fleisch in Butter und Öl kurz scharf anbraten. Durch die feine Scheibe des Fleischwolfs drehen, mit Cognac und Sherry abschmecken. Beiseite stellen. Die Gelatine in kaltem Wasser einweichen, ausdrücken und im erwärmten Muskateller auflösen, beiseite stellen. Die Wachtelknochen in den Bräter geben, scharf in Öl anbraten. Das Gemüse hinzufügen, anbräunen, Tomatenmark zugeben. Eßlöffelweise mit Wasser ablöschen, bis die Sauce schön braun ist. Alles mit Wasser bedecken. Die zerdrückten Wacholderbeeren hinzufügen und etwa 45 Minuten auf 1/4 Liter einkochen.

Den Fond durch ein Sieb passieren, mit Mehlbutter und der Hälfte der Sahne binden. 1/3 des Weingelees und das pürierte Wachtelfleisch hinzufügen, im Mixer pürieren. Die restliche Sahne schlagen und mit den Trüffelspänen unterziehen. In 4 Portionsförmchen oder eine größere Schüssel füllen. Kurz kaltstellen. Mit dem restlichen Weingelee übergießen, 2–3 Stunden in den Kühlschrank stellen. Mit Toast servieren.

Wildenten in Orangensauce

Wer von Wildenten spricht, meint fast immer Stockenten. Denn um sie geht es in erster Linie, wenn im August die Jagd auf das bunte Federvieh aufgeht.

3 junge Wildenten (zusammen 1,6–1,8 kg ohne Knochen), Salz, schwarzer Pfeffer, Öl, Gemüsewürfel (Sellerie, Karotte, Zwiebel), 1 Teelöffel Tomatenmark, 1/4 Liter Wasser, 3/4 Liter Orangensaft, 2 ungespritzte Orangen, 40 g Zucker, 80 g Butter

Die küchenfertigen Enten innen auswaschen, abtrocknen und in 4 Teile teilen (2 Keulchen, 2 Brüstchen). Die Brüstchen vom Knochen lösen, mit Salz einreiben, leicht pfeffern und goldbraun anbraten. Herausnehmen, beiseite stellen. Die Rückenknochen kleinhacken und im Bräter in Öl scharf anbraten. Die Gemüsewürfel und das Tomatenmark zugeben, eßlöffelweise mit Wasser ablöschen. 8–10 Minuten im vorgeheizten Backofen bei rund 220° C belassen, bis eine hellbraune Farbe erreicht ist. Orangensaft (2 cl Saft zur Seite stellen) und die in Streifen geschnittenen Orangenschalen (vor der Zugabe kurz blanchieren) hinzufügen. Zucker und die Entenkeulen hineingeben. Bei 220° C etwa 40–50 Minuten garen. Nach 30 Minuten die Brüstchen in den Bräter geben. Nach dem Garwerden Keulen und Brüstchen herausnehmen, warmstellen. Die Sauce durch ein Sieb passieren und einkochen, bis sie sämig genug ist. Die Sauce in den Mixer geben und die kalte Butter unterrühren, abschmecken. Die filierten Orangen im restlichen Orangensaft kurz erhitzen und zu den angerichteten Keulen und Brüstchen legen. Das Fleisch mit der erhitzten Sauce begießen und mit Streifen von Orangenschale bestreuen. Dazu Kartoffelcrêpes reichen.

Wildenten mit Champignons

An Wildenten schätzt der Jäger auch die hübsche Trophäe, die der Erpel in Form krummer Federn am Pürzel trägt und die der Waidmann sich gern hinters Hutband steckt. Bei Wildenten, die im Federkleid gekauft werden, sollte man auf die Füße achten. Junge Enten haben graugrüne, alte Enten rote *Latschen*, wie es in der Jägersprache heißt.

2 Entenlebern, 2 Wildenten, Salz, Pfeffer,
Butter und Öl zum Anbraten,
1/4 Liter trockener Weißwein,
1/2 Liter entfettete salzlose Hühnerbrühe,
2 Eßlöffel süße Sahne, 400 g Champignons,
2 Schalotten, 1 Eßlöffel gehackte Petersilie

Die beiden Lebern zur Seite stellen. Die Enten mit Faden binden, salzen und pfeffern und in Butter und Öl von allen Seiten anbraten. Bei 70–80° C etwa eine Stunde im Ofen warmstellen – das Fleisch wird dann gleichmäßig zartrosa. Keulen und Brüstchen auslösen, warmstellen. Flügel und Hals abtrennen, die Knochen zerkleinern und alles zusammen in Öl im auf 220° C vorgeheizten Backofen bräunen, eßlöffelweise mit Weißwein ablöschen. Die Hühnerbrühe hinzugeben und die Flüssigkeit in etwa 20 Minuten auf die Hälfte einkochen lassen. Durch ein Haarsieb passieren und im Mixer mit der Sahne und den beiden Entenlebern durchrühren, noch einmal durch ein Sieb geben, nachwürzen. Die geviertelten Pilze und die feingeschnittenen Schalotten in Butter anbraten, die gehackte Petersilie hinzufügen, leicht salzen und auf die Teller geben. Die Brüstchen der Länge nach in Scheiben schneiden, die Keulchen dazulegen. Etwas Sauce angießen und heiß servieren. Dazu Herzoginkartoffeln reichen.

Wildfrikassee Schassberger

Mit dem Wort Frikassee taucht wieder ein Begriff auf, der irgendwann einmal aus französischen Küchen entlehnt wurde, aber längst zum Allgemeingut geworden ist. Bei dieser Form der Zubereitung handelt es sich stets um ein Gericht aus zerteiltem Fleisch. Ob die Grundsubstanz nur aus einer oder aus mehreren Sorten, aus kleinen oder großen Stücken besteht – ob man sich also an klassische Regeln hält oder phantasievolle Variationen bevorzugt – ist Ansichts-, im wesentlichen aber auch Geschmackssache. Und darüber läßt sich bekanntlich ja nicht streiten!

1 Schalotte, etwas Butter, 1/4 Liter brauner Geflügelfumet (Zubereitung siehe S. 50/51), 4 Eßlöffel Crème fraîche, etwas Knoblauch, 2 Teelöffel Butter, 2 Eßlöffel süße Sahne, Salz, 3 cl Sherry, 3 cl Cognac, 1/4 Teelöffel Pfefferbeeren, 1 Perlhuhn, 4 Scheiben Entenleber, 4 Scheiben Rehleber, 300 g Hirschfilet, Butter und Öl zum Anbraten

Die Schalotte in Würfelchen schneiden und in Butter anschwitzen. Mit braunem Geflügelfumet auffüllen, auf die Hälfte einkochen lassen und durch ein Haarsieb passieren. Die Crème fraîche und etwas Knoblauch hinzufügen. Die kalte Butter und die geschlagene Sahne zugeben und mit Salz abschmecken. Sherry, Cognac und Pfefferbeeren hinzufügen. Die Sauce warmstellen. Perlhuhnbrust, Leber und Hirschfleisch in der Pfanne rosa braten und zerteilen. Mit der Sauce einen Spiegel auf die Teller gießen und darauf die mit Salz und Pfeffer gewürzten Fleischstücke kreisförmig anrichten.

Hirschfeuer

Wildgans mit Beifuß

Beifuß fehlte früher an fast keiner fetten Speise und war ein Allerweltsgewürz. Nicht wenige Küchenchefs sind auch heute der Meinung, daß Beifuß zur Gans gehört wie das Salz zur Suppe.

Beifußblüten, 1/4 Liter Olivenöl, 2 Wildgänse mit den Lebern (1,6–1,8 kg zusammen), Salz, schwarzer Pfeffer, 60 g Kalbfleisch, 30 g Schweinefleisch, 150 g Geflügelfleisch, 7 g Salz, 3 Eiswürfel, 1/4 Liter süße Sahne, 1 gewürfelter Apfel, 50 g ganze geröstete Haselnüsse, 1/4 Liter Rotwein, Gemüsewürfel (Sellerie, Karotte, Zwiebel), 1 Teelöffel Tomatenmark, 1/4 Liter Wasser

3–4 Tage vor der Zubereitung Beifußblüten in Olivenöl einlegen. Die gerupften und ausgenommenen Gänse von Kopf und Füßen befreien, innen und außen waschen, trockentupfen. Die Gänseleber von der Galle trennen und beiseite stellen. Die Gänse mit Salz und Pfeffer würzen, innen mit Beifußöl bestreichen. Das restliche Öl durch ein Sieb passieren und zum Anbraten verwenden, die Beifußblüten aufbewahren. Fleisch und Gänseleber durch den Fleischwolf drehen, im Mixer pürieren. Salz, gehackte Beifußblätter, Eiswürfel, Sahne, Apfelwürfel und Haselnüsse vermischen und die Gänse gleichmäßig damit füllen. Die Gänse zunähen. Im Bräter von allen Seiten im Beifußöl kurz anbraten, bei 220°C im vorgeheizten Backofen etwa 30 Minuten garen, zwischendurch eßlöffelweise mit dem Rotwein begießen. Die Gänse herausnehmen und warmstellen. Das Gemüse und das Tomatenmark in den Bratsatz geben, mit etwas Wasser glacieren, bis eine schöne braune Farbe entsteht. Mit dem restlichen Wasser auffüllen, die Sauce durch ein Sieb passieren, das überschüssige Fett abschöpfen, abschmecken und die Sauce zum Fleisch servieren. Dazu Salzkartoffeln oder Spätzle vom Brett.

Wildschweinpfeffer

Das Fleisch vom Wildschwein, das in den Handel kommt, unterliegt wie das Fleisch vom Hausschwein der Fleischbeschau. So können Käufer sicher sein, daß es auf Trichinen untersucht wurde. Wildschweinfleisch sollte, wie auch hier, in eine Beize eingelegt werden; vor allem das Fleisch der älteren Tiere wird dadurch zarter.

1,2 kg Wildschweinfleisch (Hals, Bauch oder Schulter).
Für die Beize: 1 Liter kräftiger Rotwein, Gemüsewürfel (Sellerie, Karotte, Zwiebel), 1 kleines Bund Thymian, schwarze Pfefferkörner, 2 Eßlöffel Öl, Knoblauch, 1/2 Lorbeerblatt, 1 Nelke, Salz.
Öl zum Anbraten, 1 Eßlöffel Tomatenmark, 1/2 Liter Fleischbrühe, Salz, 1/8 Liter Schweineblut

Das Fleisch in etwa 4x4cm große Stücke schneiden. Aus den Zutaten eine Beize herstellen, das Fleisch darin 3 Tage zugedeckt marinieren. Dann herausnehmen, abtropfen lassen und abtupfen. Die Fleischstücke sehr scharf anbraten, das abgetropfte Gemüse und Tomatenmark hinzugeben und immer wieder eßlöffelweise mit der Beize ablöschen, bis eine schöne braune Farbe entsteht. Mit der Fleischbrühe und der restlichen Beize auffüllen, salzen und bei 220°C im Backofen etwa 60 Minuten garen. Die Garzeiten schwanken je nach Alter des Tieres. Auch kann das Garen der Fleischstücke je nach Fleischsorte unterschiedlich lang dauern. Eventuell etwas Wasser nachgießen, sollte die Sauce zu sehr eindicken. Die Sauce durch ein Sieb passieren, mit dem Blut binden, nicht mehr kochen lassen, da sie sonst gerinnt, und abschmecken. Dazu rohe oder gekochte Kartoffelklöße reichen.

Wildtaubenbrüstchen in Kohl

Wildtauben sind von Haus aus äußerst scheue Waldbewohner, die bei der geringsten Störung auf- und davonfliegen. Diese Verhaltensweise hat sich vielerorts jedoch geändert, so daß man Ringeltauben heute oft in nächster Nähe menschlicher Siedlungen beobachten kann. Neben der als Kulturfolger bekannten und 1946 vom Balkan her eingewanderten Türkentaube sind sie die einzigen, die bejagt werden dürfen. Hohl- und Turteltauben sind ganzjährig geschont.

8 Wildtauben, 80 g Schweinefleisch, Salz, Pfeffer, Muskat, 1/2 Teelöffel Senf, 1 cl Armagnac, 4 Weißkohlblätter, 1 Schweinenetz, Fett zum Anbraten, 1/4 Liter entfettete, salzlose Geflügelbrühe, 2 Eßlöffel kleingeschnittene Champignons, 60 g Butter

Die Täubchenschlegel und -brüstchen von den Knochen lösen. Die Haut der Brüstchen abziehen. Das ausgelöste Keulenfleisch mit dem Schweinefleisch durch die feine Scheibe des Fleischwolfs drehen, mit Salz, Pfeffer, Muskat, Senf und Armagnac abschmecken. Die Kohlblätter halbieren, die dicken Rippen wegschneiden. In kochendem Wasser blanchieren. Alle 8 Blatthälften mit der Farce bestreichen, je 1 gewürfeltes Brüstchen einlegen und einschlagen. Im Fett von allen Seiten kurz anbraten und im Ofen etwa 8–10 Minuten bei 220° C garen. Warmstellen. Die Geflügelbrühe mit den Champignons einkochen, durch ein Sieb passieren und im Mixer mit der kalten Butter aufschlagen, mit Salz abschmecken. Die Sauce auf die Teller gießen, die Taubenbrüstchen halbiert darauf anrichten. Dazu schmecken am besten Kartoffeln.

Wildterrine

Welches Wildfleisch Sie hier auch verwenden: es sollte wie alles Wildbret frisch, aber gut abgehangen sein. Prüfen Sie das Fleisch beim Kauf immer auf Hautgout. Richtig behandeltes Wildfleisch hat zwar Eigengeschmack, aber keinen Hautgout.

Für 8–10 Personen:
300 g mageres Wildfleisch ohne Sehnen,
50 g durchwachsenes Schweinefleisch,
50 g mageres Kalbfleisch, 6 Eiswürfel,
400 g Sahne, 4 cl Wacholderschnaps,
15 g Salz, Pfeffer, 1 Eßlöffel Haselnüsse,
2 Eßlöffel fein gewürfelter frischer Speck,
100 g Wildleber (oder Geflügelleber),
Butter zum Anbraten, 150 g frischer Speck.
Für die Sauce: 2 ungespritzte Orangen, Saft
von 1/2 Zitrone, 30 g Zucker, 20 g Butter,
50 g Preiselbeeren

Das Fleisch zweimal durch die feine Scheibe des Fleischwolfs drehen, durch ein Haarsieb passieren. Die Masse in den Mixer geben, Eiswürfel, Sahne und Wacholderschnaps nach und nach untermengen, das Salz hinzufügen, mit Pfeffer abschmecken. Vorsichtig nun die ganzen Nüsse, die Speckwürfel und die Leber, in 1 cm große Würfel geschnitten und in Butter angebraten, unterheben. Eine Terrine mit Speckscheiben dünn auslegen und die Farce einfüllen. Mit dünnen Speckscheiben bedekken. Die geschlossene Terrine im Wasserbad im vorgeheizten Backofen etwa 45 Minuten bei 150° C garen. Erkalten lassen, die Form stürzen und 1 cm starke Scheiben schneiden. Die Orangen auspressen, dann den Orangen- und Zitronensaft mit dem Zucker auf die Hälfte einkochen lassen, mit der Butter binden, nicht mehr weiterkochen. Als Einlage die in feine Streifen geschnittenen blanchierten Orangenschalen und die Preiselbeeren hinzufügen, abkühlen lassen. Die Terrinenscheiben auf der Sauce anrichten und mit Waldorfsalat anrichten.

Die Rezepte nach Gruppen

Soweit in den Rezepten nichts anderes vermerkt ist, sind die Zutaten für vier Personen berechnet.

Vorspeisen, Salate und Suppen mit Wild

Fasanenessenz mit Klößchen 66
Hasen-Mousseline 112
Hasentaschen in Fleischbrühe 114
Wachtelkraftbrühe 184
Wachtel-Mousseline 186

Vorspeisen, Salate und Suppen mit Geflügel

Entenbrustfilet 54
Enten-Mousse 58
Entenstopfleber auf Vinaigrette 60
Frühlingssalat mit Hähnchenbrust 72
Gefüllter Gänsehals 82
Gänselebersuppe mit Trüffeln 84
Gänseschmalz 86
Sommerliche Geflügelbrühe 88
Geflügelleber-Törtchen 92
Geflügelschaumbrot 98
Huhn in Gelee 124
Königlicher Salat 132
Perlhuhnsalat 144

Hauptgerichte mit Wild

Gebratener Fasan 62
Fasanenbrüstchen auf Holundersauce 64
Frischlingskotelett 68
Frischlingsrücken mit Pflaumen 70
Gamsnüßchen 74
Gamsrücken mit Pfifferlingen 76
Hase nach Dumas Père 106
Das Beste vom Hasen 108
Hasenkeule 110
Hirschfilet in Wacholdersauce 116
Hirschklöße 118
Hirschrückenfilet 120
Gefüllte Hirschschulter 122
Kaninchenrücken in Burgunder 128
Kaninchenrücken im Wirsingmantel 130
Rebhuhn Winzerin Art 154
Gefüllte Rehkeule 156
Rehkotelett mit Hagebuttensauce 158
Rehleber auf Pifferlingen 160
Rehnüßchen in Armagnac 162
Marinierte Rehrückenscheibchen 164
Rehrücken 26/27
Rehschäufele in Trollinger 166
Rehsteak Märchenwald 168
Wachteln im Gemüsenest 180
Gefüllte Wachteln 182
Wildenten in Orangensauce 188
Wildenten mit Champignons 190
Wildfrikassee Schassberger 192
Wildgans mit Beifuß 194
Wildschweinpfeffer 196
Wildtaubenbrüstchen in Kohl 198

Hauptgerichte mit Geflügel

Enten in Pomeranzensauce 52
Entenkeule 56
Knusprige Gänsebrust 78
Gänsegulasch 80
Geflügelleber-Maultaschen 90
Geflügelmaultaschen 94
Geflügelstrudel 100
Indisches Hähnchen 102
Pot-au-feu vom Hähnchen 104

Hühnerbrüstchen auf Sauerampfer-
sauce 126
Küken in Rotwein 134
Gefüllte Küken 136
Stubenküken mit Krebsen 138
Perlhuhn in Sekt 140
Perlhuhnbrüstchen im Mantel 142
Poularde in der Salzkruste 146
Poulardenbrust überbacken 148
Putenschnitzel mit Zitronensauce 152
Gebratene Täubchen mit Thymian 170
Gefüllte Täubchen 172
Truthahnklößchen in Currysahne 176

Pasteten und Terrinen

Geflügelpastete 96
Putenroulade auf Kresseschaum 150
Terrine von Hirsch und Reh 174
Truthahnterrine 178
Wildterrine 200

Die Rezepte alphabetisch

Ente in Pomeranzensauce 52
Entenbrustfilet 54
Entenkeule 56
Enten-Mousse 58
Entenstopfleber auf Vinaigrette 60

Fasan, gebratener 62
Fasanenbrüstchen auf Holundersauce 64
Fasanenessenz mit Klößchen 66
Frischlingskotelett 68
Frischlingsrücken mit Pflaumen 70
Frühlingssalat mit Hähnchenbrust 72
Fumet (Wild- und Geflügelfond) 50/51

Gamsnüßchen 74
Gamsrücken mit Pfifferlingen 76
Gänsebrust, knusprige 78
Gänsegulasch 80
Gänsehals, gefüllter 82
Gänseleberssuppe mit Trüffeln 84
Gänseschmalz 86
Gebratene Täubchen 170
Gebratener Fasan 62
Geflügelbrühe, sommerliche 88
Geflügelfond (Fumet) 50/51
Geflügelleber-Maultaschen 90
Geflügelleber-Törtchen 92
Geflügelmaultaschen 94
Geflügelpastete 96
Geflügelschaumbrot 98
Geflügelstrudel 100
Gefüllte Hirschschulter 122
Gefüllte Küken 136
Gefüllte Rehkeule 156
Gefüllte Täubchen 172
Gefüllte Wachteln 182
Gefüllter Gänsehals 82

Hähnchen, indisches 102
Hähnchenbrust, Frühlingssalat mit 72
Hähnchen, Pot-au-feu vom 104
Hase nach Dumas Père 106
Hasen, das Beste vom 108
Hasenkeule 110
Hasen-Mousseline 112
Hasentaschen in Fleischbrühe 114
Hirschfilet in Wacholdersahne 116
Hirschklöße 118
Hirschrückenfilet 120
Hirschschulter, gefüllte 122
Huhn in Gelee 124
Hühnerbrüstchen auf Sauerampfersauce 126

Indisches Hähnchen 102

Kaninchenrücken in Burgunder 128
Kaninchenrücken im Wirsingmantel 130
Königlicher Salat 132
Küken in Rotwein 134
Küken, gefüllte 136

Marinierte Rehrückenscheibchen 164

Perlhuhn in Sekt 140
Perlhuhnbrüstchen im Mantel 142
Perlhuhnsalat 144
Pot-au-feu vom Hähnchen 104
Poularde in der Salzkruste 146
Poulardenbrust überbacken 148
Putenroulade auf Kresseschaum 150
Putenschnitzel mit Zitronensauce 152

Rebhuhn Winzerin Art 154
Rehkeule, gefüllte 156
Rehkotelett mit Hagebuttensauce 158
Rehleber auf Pfifferlingen 160
Rehnüßchen in Armagnac 162
Rehrücken 26/27
Rehrückenscheibchen, marinierte 164
Rehschäufele in Trollinger 166
Rehsteak Märchenwald 168

Salat, königlicher 132
Sommerliche Gefügelbrühe 88
Stubenküken mit Krebsen 138

Täubchen, gebratene mit Thymian 170
Täubchen, gefüllte 172
Terrine von Reh und Hirsch 174
Truthahnklößchen in Currysahne 176
Truthahnterrine 178

Wachteln im Gemüsenest 180
Wachteln, gefüllte 182
Wachtelkraftbrühe 184
Wachtel-Mousseline 186
Wildenten in Orangensauce 188
Wildenten mit Champignons 190
Wildfond (Fumet) 50/51
Wildfrikassee Schassberger 192
Wildgans mit Beifuß 194
Wildschweinpfeffer 196
Wildtaubenbrüstchen in Kohl 198
Wildterrine 200

Bildquellen

Archiv für Kunst und Geschichte 2, 14/15
Archiv Gerstenberg 8/9, 33, 45
Bavaria/Eckebrecht 7
Bildarchiv Preußischer Kulturbesitz 11
Deutsches Jagdmuseum München 49
Interfoto/Meyer 5
Mauritshuis Den Haag, Stiftung Johan Maurits von Nassau 18/19
Okapia/Reinhard 30/31 (Mitte)
Reinhard-Tierfoto 22/23 (4), 30/31 (8 außer Mitte)
Sirius Bildarchiv/Döbbelin 26/27 (7), 36/37, 50/51 (5), 52–201
Sirius Bildarchiv/Hehl 12/13, 40/41 (4), 46, 47

Für die freundliche Unterstützung
bei Bildsuche und Fotoaufnahmen bedanken wir uns beim
Deutschen Jagdmuseum in München.